행복의
트라이앵글을
찾아라

행복의 트라이앵글을 찾아라

발행일   2015년 12월 11일

지은이   정 대 호
펴낸이   손 형 국
펴낸곳   ㈜북랩
편집인   선일영   편집   김향인, 서대종, 권유선, 김성신
디자인   이현수, 신혜림, 윤미리내, 임혜수   제작   박기성, 황동현, 구성우
마케팅   김회란, 박진관, 김아름
출판등록   2004. 12. 1(제2012-000051호)
주소   서울시 금천구 가산디지털 1로 168, 우림라이온스밸리 B동 B113, 114호
홈페이지   www.book.co.kr
전화번호   (02)2026-5777   팩스   (02)2026-5747

ISBN   979-11-5585-844-8 03320(종이책)   979-11-5585-845-5 05320(전자책)

이 도서의 국립중앙도서관 출판예정도서목록(CIP)은 서지정보유통지원시스템 홈페이지(http://seoji.nl.go.kr)와
국가자료공동목록시스템(http://www.nl.go.kr/kolisnet)에서 이용하실 수 있습니다.
(CIP제어번호 : CIP2015033064)

성공한 사람들은 예외없이 기개가 남다르다고 합니다.
어려움에도 꺾이지 않았던 당신의 의기를 책에 담아보지 않으시렵니까?
책으로 펴내고 싶은 원고를 메일(book@book.co.kr)로 보내주세요.
성공출판의 파트너 북랩이 함께하겠습니다.

성공·관계·행복이란 점을 이어 조화로운 삶을 완성하는 법

행복의
트라이앵글을
찾아라

정대호 지음

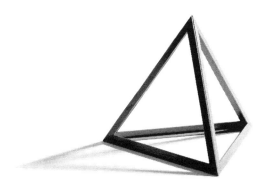

북랩 book Lab

시작하는 글

삶에서 소중한 건 무엇일까요?
성공일까요, 행복일까요?

생각건대, 참 우둔한 질문입니다. 성공과 행복이 어떻게 별개일 수 있
나요? 실패한 인생이 행복할 순 없기에, 행복한 삶에는 성공이 필수일
텐데.

군이 이 말에 조금의 변명을 하자면, 성공을 위해 너무 많은 것을 포
기하고, 다른 소중한 것을 버리면서까지 성공에 목말라하지는 않았으면
하는 마음입니다.

사실 성공이든 행복이든 둘 다 경험이 중요합니다. 오늘 성공한 사람
이 내일 성공할 가능성이 크고, 지금 행복한 사람이 앞으로도 행복할
가능성이 크니까요.

삶이란 남을 이겨야만 행복한 것은 아니라고 생각합니다. 저 역시 남
들보다 앞선 면은 없지만, 우리 부모님의 아들로 태어나 행복하고, 지금
의 와이프를 만나 행복하고, 또 우리 애들 덕분에 행복하답니다. 함께하

는 동료, 선후배, 친구들까지 행복하지 않을 이유가 없죠.

이 책은 보험업계의 세일즈 매니저로서 새로운 성공을 위해 잘 다니던 일을 그만두고 보험업을 시작한 팀원들과 나눴던 대화, 고등학교 진학 후 때론 힘들어하는 딸들의 모습을 보며 뭔가 조금이나마 도움이 될까 하는 마음에 가졌던 대화를 기본으로 해서 정리를 해 본 글들입니다.

팀원들이나 제 딸들이나 다 성공했으면 하는 마음에, 아니 그보다 행복하기를 바라는 마음에 때론 리더의 마음으로, 때론 부모의 마음으로 많은 대화를 나누었던 것 같습니다.

이 책의 순서를 「성공-관계-행복」으로 한 것은, 성공은 행복의 디딤돌이며, 관계는 행복의 완성이라고 믿기 때문입니다.

Chapter 1은 「성공」을 주제로 하여, 꿈과 희망을 먹고 사는 인간의 특성상 행복하기 위해 필요한 성공에 대한 생각을 담고,

Chapter 2는 「관계」라는 주제로, 타인에게 인정받고 존중받을 때 행복을 느끼는 특성에 맞춰 관계에 대한 생각을 담았으며,

마지막 Chapter 3은 삶의 궁극적 지향점인 행복한 삶을 위해 「행복」을 주제로 하였습니다.

자신을 사랑하는 사람이 다른 사람을 사랑할 수 있고, 자신이 행복한 사람이 다른 사람에게 베풀고 나눌 수 있다고 생각합니다. 서로가 서로

를 사랑하고, 세상 사람 모두가 행복한 삶을 살기를 바라는 마음입니다.

이 책을 쓰면서 딸들과 지난 시간의 대화를 다시 추억하는 일은 보람 있고 행복한 시간이었습니다. 이 시간이 또 다른 추억이 되리라 생각합니다.

자기의 생각을 편하게 얘기해준 두 딸, 책의 출판을 도와준 북랩 출판사에 감사드립니다. 특히 사랑하는 두 딸에겐 처음 만난 그 시간부터 지금까지 단 한 순간도 사랑하지 않은 시간은 없었다고, 밝고 맑게 잘 자라줘서 고맙다고 말하고 싶습니다.

이 세상 모두의 행복을 기원하며
윤정, 윤지 아빠

목차

| Chapter 2 | 관계

| Chapter 3 | 행복

| Chapter 1 |
성공

역경은 도전하는 자의 벗이다.
실패도 성공의 필수요소임을
알아야 한다.

이기는 삶보다
함께 성공하는 삶을 살아라

세상은 성공과 실패가 아닌 승리와 패배로 양분되는 느낌이다. 서로가 더불어 살면서도 서로가 서로를 이겨야 하는 정글의 법칙을 몸으로 배우며, 이기기 위해 많은 걸 버리고 살아가는 것 같다.

학교에선 친구를 이겨야 하고, 사회에서는 동료를 이겨야 한다. 물론 성공을 위한 경쟁을 이해 못 할 바 아니다. 하지만 승리만이 성공이라는 착각으로 친구와 동료가 동반자가 아닌 승패의 대상이 된다는 것은 가슴 아픈 일이다. 한 번씩 접하게 되는 전교 일등을 놓쳤다고 자살하는 학생도, 승리만이 성공이라는 착각에서 돌이킬 수 없는 비극을 만드는 것이다.

생판 모르는 남도 아닌, 즐거운 일도 슬픈 일도 함께하는 친구나 동료를 이겨야만 성공하는 세상이라면 너무 거칠고 서글프다. 많지도 않은 내 친구, 동료들을 이긴다고 내가 성공하는 건 아니다.

'승리=성공'일까?

승리와 성공은 서로 다른 지향점을 가진다.

나 자신의 입장에서는 같을 수도 있지만,

상대방의 입장에서 보면 극명하게 나뉘게 된다.

승리는 제로섬(Zero-sum) 게임이다.

나의 승리를 위해

누군가는 패배해야만 한다.

뺏고 뺏기는 싸움일 뿐이다.

반면에, 성공은 윈-윈(Win-Win) 게임이다.

모두의 승리만이 진정한 성공이다.

나의 성공을 위해 누군가 희생해야 한다면

그건 진정한 성공이 아니다.

진정한 성공은 누구의 희생도, 피해도 요구하지 않는다.

서로의 성공을 위해서라면

언제든 도와주고

필요하다면 도움을 받아야 한다.

그런데도

싸워야 한다면, 이겨라.

| 국어사전 |

승리勝利 겨루어서 이김.

성공成功 목적하는 바를 이룸.

경기가 끝나고도 힘이 남았다는 건 부끄러운 일이다

수능시험이나 취업시험, 국가고시 자격시험 같은 수년간의 과정을 하나의 시험으로 평가받는 시간이 다가오면, 누구나 불안 초조해지기 마련이다. 나름의 뜻을 품고 자신의 사업을 시작하는 이들도 불안, 초조, 두려움을 느낀다. 사실, 살면서 하나의 사건으로 인생의 물줄기가 바뀌는 경우는 흔하지 않다.

그만큼 인생의 흐름을 바꾸는 일은 극단적인 경우 공포까지 느껴진다. 그런 때일수록 명심할 것이 평정심을 찾아야 한다는 것이다. 누구나 불안, 초조, 공포의 상태에서 제 실력을 발휘하기란 불가능하다. 자신의 모든 역량을 쏟을 수 있는 유일한 방법이 평정심을 통한 자신감이다.

진인사대천명盡人事待天命: 자신이 할 수 있는 최선을 다하고 하늘의 뜻을 기다린다.

누구나 승리하고 싶지만 모두 다 승리할 수는 없다.
그래서 우린 최선을 다해야 한다.
경기가 끝나고도 힘이 남았다는 건 부끄러운 일이다.

이기기 위해 싸우지만 지는 날도 있고
살기 위해 애쓰지만 죽는 날도 올 거다.
하지만 그날이 오늘은 아니다.

미리부터 진다는 생각이면 결국 지게 된다.
당연히 이긴다는 자신감으로
최선을 다하는 모습을 보여야 한다.

목표는 왜 필요한가?

"목표 없는 삶은 성취가 없다.", "목표 없는 삶은 허무하다." 과연 그 럴까?

1953년 미국의 예일대학교에서 재미있는 연구를 하였다. 연구의 내용은 목표가 있는 학생과 그렇지 않은 학생들의 인생에서의 성공을 알아보기 위한 것이었다. 성별, 인종, 키 등의 기본적인 항목과 삶의 목표가 무엇이고 앞으로 그 목표를 어떻게 달성할 것인지를 물어보았다. 응답자의 87%가 목표 설정을 전혀 하지 않았다고 답했으며, 10%는 대략 목표를 세웠다고 응답했다. 반면에 목표와 목표를 달성하기 위한 행동 계획을 종이에 적으며 고민했다고 응답한 학생은 3%에 불과했다.

20년의 세월이 흘러 중년이 된 학생들을 추적 조사한 결과는 놀라웠다. 직업, 재정상태 등 모든 면에서 목표와 행동계획을 구체적으로 설정한 3%의 학생들이 다른 97%의 학생들을 모두 합한 것보다 훨씬 더 큰 성장을 이룬 것이다.

1979년 하버드대학교에서 경영대학원 졸업생들을 상대로 한 설문조사도 이와 비슷한 결과가 나타났다. 세 가지 질문을 졸업생들에게 던졌다.

1. 장래에 대한 명확한 목표를 설정했는가?
2. 목표를 기록해 두었는가?
3. 목표를 달성하기 위한 구체적인 행동계획이 있는가?

응답 결과를 보면 특별한 목표가 없다가 84%, 목표는 있지만, 그것을 종이에 적어 두지는 않았다가 13%, 목표를 구체적으로 설정하고 기록해 두었다는 3%에 불과했다.

10년 후 졸업생이 어떻게 살고 있는지 추적 조사해 보았다. 목표는 있지만, 그것을 적어두지 않은 이들이 목표가 없는 이들에 비해 소득이 평균 2배 이상 높았다. 또한, 목표를 구체적으로 설정하고, 기록해 두었던 이들은 목표만 있었던 이들에 비해 소득이 10배 이상 높았다. 이처럼 구체적으로 목표를 설정하고, 그것을 눈으로 확인할 수 있도록 기록하고 관리하는 것은 매우 중요하다.

어떤가? 소득만으로 인생의 성공 여부를 판단하긴 어렵지만, 의미 있는 결과인 것만은 분명하다.

우리는 살면서 때론 짧게, 때론 길게 목표를 세운다.
목표에는 절대적으로 필요한 세 가지가 있다.

첫째, 왜 이 목표를 달성하려 하는가?
목표를 달성하면 행복할까?
목표는 그 자체로 내 가슴을 뛰게 해야 한다.
내가 행복하지 않은 목표라면 그건 가치가 없는 것이다.

둘째, 어떻게 목표를 달성할 것인가?
'어떻게'가 빠진 목표는 달성할 수 없다.
달성할 수 없는 목표는 말장난일 뿐이다.

셋째, 목표달성을 위해 무엇을 할 것인가?
무엇을 할 것인가는 행동의 출발이다.
아무리 멋진 곳이라 해도 출발하지 않으면 닿을 수 없다.

내 가슴을 뛰게 하고,
열정을 다할 수 있는 목표는 그 자체로 행복이며,
달성하는 그 순간은 짧으나마 거대한 환희가 될 것이다.

목표는 선명해야 한다

목표目標는 한자어로 '눈·목'자에 '표할·표'자다.
목표는 머릿속에 이미지화하여,
마치 눈으로 보듯이 선명해야 한다.

목표는 우리 삶의 나침반 역할을 한다.
우리가 길을 잃고 헤맬 때도,
그 뚜렷한 이미지로 방향을 제시해 주는 것이다.
그래서 목표 없는 삶은 방황하기 쉽다.

많은 청소년이나 젊은이들의 방황도
목표 자체를 잃거나,
목표의 가치나 의미를 상실했을 때,
아니면 닿을 수 없는 곳에 닿으려는
과도한 목표로 인한 경우들이 많다.

눈은 더 높은 곳을 보되, 발은 땅에 있어야 한다.
그래야 간절함으로 목표를 이룰 수 있다.

목표를 세우고 기록해라.
기록한 목표를 항상 내 눈에 보이게 해라.

목표는 목적에서 태어난다

목표에는 목적이 있어야 한다. 목적 없는 목표는 부초처럼 떠돌기 쉽다. 목표가 오락가락하는 건 그 목적이 분명하지 못해서이다.

목적은 그 목표의 진정한 가치이며, 의미이다. 결국, 선명한 목표란 분명한 목적에서 탄생하는 것이다. 목적이 의미 있고 명확하다면, 설사 실패한 목표라 해도 우리의 삶을 성공으로 이끌 수 있다. 사전에서도 '성공'이란 목표를 이루는 것이 아니라, 목적하는 바를 이루는 것이라 하였다.

가치 있고 의미 있는 목적을 품고, 그 목적에 걸맞은 구체적인 목표, 존재 자체로 내 가슴을 뛰게 하는 목표를 세워야 한다.

어떤 사람이 되고 싶은가?
병들고 아픈 사람을 돕는 의사가 되고 싶다면
목적은 병들고 아픈 사람을 돕는 것이고,
목표는 의사가 되는 것이다.
만약 의사가 못되더라도

간호사나 약사, 아니면 보통 사람으로라도
병들고 아픈 사람을 돕는 삶을 산다면
그 또한 목적을 이룬 성공한 삶이다.
의사가 못 된다고 실패한 인생은 아니라는 것이다.

행복한 사람이 되기 위해선 목표가 있어야 한다.
행복한 사람이 된다는 건 목적일 뿐
구체적인 목표가 될 수는 없다.

구체적인 목표를 세우고
그 목표들을 이루어 갈 때
행복한 삶을 완성할 수 있다.

| 국어사전 |

목표目標 목적을 이루기 위하여 실제적 대상으로 삼는 것 또는 그 대상.

목적目的 이루려고 하는 일 또는 나아가려는 방향.

경험은 습관이 된다:
성공 경험을 쌓아라

살면서 왜 경험이 중요한가? 경험은 습관이 되기 때문이다. 습관의 사전적 의미는 여러 번 되풀이함으로써 저절로 익고 굳어진 행동이다. 김유신의 말馬이 천관이라는 기녀의 집을 찾아간 것도 평소 습관에 의한 것이었다. 김유신은 말의 목을 베면서, 그 습관과의 단절을 선언하였다.

우리의 속담 '세 살 적 버릇이 여든까지 간다'는 습관의 무서움을 잘 나타내는 말이다. 이러한 습관은 인생을 바꾼다고 한다. 생각이 바뀌면 행동이 바뀌고, 행동이 바뀌면 습관이 바뀌고, 습관이 바뀌면 인생이 바뀐다고 하지 않는가?

경험은 삶의 내비게이션 역할을 한다.
삶의 내비게이션에선 성공경험이 중요하다.

성공이 잦으면 성공이 자주 가는 곳이 될 것이요,
실패가 잦으면 실패가 자주 가는 곳으로 되어버린다.

작은 목표들을 세우고,

하나씩 성공하는 경험을 쌓아라.

습관적으로 성공하는 모습을 떠올리고

성공하는 사람이 되도록 만들어야 한다.

작은 성공으로 성공 습관을 몸에 배게 하면,

언젠가는 큰 목표에도 과감히 도전하게 된다.

내일의 나는 오늘의 내가 결정한다

너무 불안해하지 마라. 이 세상 누구도 미래를 알 수는 없다. 어쩌면 미래를 알고 살아간다는 건 참 재미없는 일일 것이다. 스포츠 경기도 그 끝을 모르기에 마지막 순간까지 손에 땀이 나는 것처럼, 아무도 알 수 없는 미래이기에 더 박진감 넘치고 흥미진진한 게 아닐까?

사실 미래에 대한 불안이 하루하루를 허투루 살지 않는 원동력이 된다. 우리가 미래를 두려워하는 정도는, 미리 준비하며 살아가는 정도의 걱정이면 될 것이다.

미래는 누구도 알 수 없다.
애쓰고 노력하며 미래를 만들어 갈지라도,
예기치 못한 상황은 항상 발생할 수 있다.

우리가 미래에 발생하는 일들을 선택할 수 있는가?
상황 자체를 선택할 수는 없다.
하지만 그 상황에 대해 어떤 준비를 했고,
어떤 대처를 하느냐는 우리의 선택이다.

우리에게 지켜야 할 현재의 삶이 있고,
이뤄야 할 미래의 꿈이 있다면
그에 걸맞은 행동을 해야 한다.
내가 준비하고 노력하는 만큼
삶은 이루어질 것이다.
내일의 나는 오늘의 내가 결정하는 것이다.

미래는 다가오는 것이 아니라
만들어가는 것이다

과거를 돌아보면 만족감보다는 아쉬움이 많은 게 인지상정인지 모르겠다. '그때 ~했더라면'은 누구나 흔히 하는 아쉬움의 표현이다. 하지만 세상 누구도 과거의 사건을 어떻게 할 수는 없다. 그렇다고 미래의 사건을 어떻게 할 수 있다는 얘기도 아니다.

단지 우리가 할 수 있는 건, 미래의 그 언젠가 '그때 ~해야 했는데'라는 후회의 시간을 최소화하는 것뿐이다. 우리가 할 수 있는 최선을 다했다면, 그나마 받아들이기가 쉽지 않을까?

최선을 다하며 살아간다면 우리의 미래도 우리가 원하는 방향으로 움직여 갈 것이다.

지금 현재의 모습에 만족하는가?

그렇다면 과거의 자신에게 감사하라.

만약 불만족스럽다면

과거의 자신을 되돌아보라.

과거의 난,

지금의 나를 위해 얼마나 애써 왔던가?

오늘의 내 모습은
단지 어제의 결과일 뿐이다.

세월이 흘러 먼 훗날에 또 이 질문을 받는다면…?
이미 지난 과거를
어쩔 수 없다는 건 불행이지만,
우리의 손에 다양한 미래가
준비되어 있다는 건 행복한 얘기다.
미래는 다가오는 것이 아니라,
오늘의 노력으로 만들어가는 것이다.

내가 보이는 모습이,
내 모습이 된다

프랑스의 소설가 앙드레 말로는 "오랫동안 그 꿈을 그리는 사람은 마침내 그 꿈을 닮아간다."고 하였다. 하지만 꿈을 그리기만 한다고 그 꿈이 이루어질까?

만약 꿈을 갖고 있다면, 그 꿈을 이루고자 하는 모습을 보여라. 남에게 보이는 모습이 때론 나를 이끌기도 한다. 꿈을 이루기 위해서라면 내 본연의 모습보다 보이고 싶은 모습으로 살아가는 것도 하나의 방법이다. 내가 보이는 모습이 내 모습이 된다.

당신은 꿈을 가졌는가?
그리고 그 꿈을 이루고 싶은가?
만약, 당신의 꿈이 소중하다면
소중한 만큼 대가를 지불하라.

당신이 가진 모든 역량을 동원하여,
당신 자신을 온전히 내다 던질 때
당신은 그 꿈을 이룰 수 있을 것이다.

해도 힘들고 안 해도 힘들지만,
하는 만큼 행복은 가까워진다

많이 힘들지? 누구나 그래. 시간이 지나면 힘들지 않다고, 익숙해진다고 얘기해 주고 싶지만 그건 진실이 아니야. 세상 누구나 힘들어. 하지만 인생이란 힘든 만큼 성취하는 게 있고, 성취하는 만큼 행복도 다가와.

우리가 살아가는 건 편한 삶, 쉬운 삶을 위해서가 아니고 행복한 삶을 위해서야. 지금 힘들면 힘든 만큼 행복은 다가와 있을 거야. 힘내, 힘들지 않아서가 아니라 행복하기 위해서.

사람들은 힘들다 힘들다 한다. 그럼 안 힘든 사람도 있을까?

일도 힘들고, 공부도 힘들지만 안 하고 놀아도 힘든 건 똑같다.

단지, 하고 힘든 건, 몸이 힘든 것이요.
안 하고 힘든 건, 마음이 힘든 것일 뿐이다.

이왕이면 마음이 힘든 것보단 몸이 힘든 게, 낫지 않을까?

행동하지 않으면
미래도 변하지 않는다

호아킴 데 포사다의 「마시멜로 이야기」에는 개구리 세 마리의 얘기가 나온다.

햇살 뜨거운 어느 여름날 오후, 개구리 세 마리가 나뭇잎에 올라탄 채 유유히 강물에 떠내려가고 있었다. 나뭇잎이 강의 중간쯤에 이르렀을 때 그중 한 마리가 갑자기 벌떡 일어나 결심했다는 듯 단호하게 외친다.

"너무 더워. 난 물속으로 뛰어들 테야!"

다른 개구리들은 묵묵히 고개를 끄덕인다.

자, 이제 나뭇잎에는 몇 마리의 개구리가 남았을까?

"두 마리!"

대부분 자신 있는 목소리로 이렇게 대답한다.

하지만 나뭇잎 위에는 여전히 세 마리의 개구리가 남아 있다. 어째서 그럴까? 뛰어들겠다는 '결심'과 정말 뛰어드는 '실천'은 전혀 다른 차원의 문제이기 때문이다.

굳은 결심과 의지, 아무리 훌륭한 아이디어도 때론 아무것도 아니다.
행동하지 않으면 미래도 변하지 않는다.

능력 중 최고의 능력은
행동으로 옮기는 능력이다.

입으로 표현하는 말과
몸으로 드러나는 행동의 차이.
말로 표현하는 신념과
행동에서 드러나는 신념의 차이.

아는 것과 행하는 것은 다르다.
안다면 행동으로 옮겨라.
아는 것이 힘이 아니라,
하는 것이 힘이다.

최선을 다해 노력하는 건
달라지기 위해서이다

실패는 고통스럽다.

그러나 최선을 다하지 못했음을 깨닫는 것은 몇 배 더 고통스럽다.

- 앤드류 매튜스

우리가 열심히 살아가는 건

어제보다 나은 오늘을 위해서이며,

오늘 최선을 다할 때 달라진 내일을 맞을 수 있다.

열심히 노력하고 최선을 다한대도

우리 삶에 변화가 없다면

우리가 열심히 할 이유란 뭔가?

최선을 다해 노력하는 건

달라지기 위해서이다.

영원한 건 없다,
부닥쳐 보라

나이가 들수록 해보지 않았던 것에 대해서만 후회한다.

- 재커리 스코트

살면서 할까 말까 하는
고민의 순간은 누구에게나 다가온다.
저질러버리는 것보다
하지 않은 후회가 더 크다.

어차피 변하지 않으면 변화를 당하는 법.
그 무엇도 확실한 건 없기에
그 무엇도 영원할 수는 없기에
깨지고 부서지는 한이 있더라도
부닥쳐 보라.
생각보다 강한 나를 보게 될 것이다.

어차피 해야 할 일이라면
주춤거릴 이유는 없다

실패한 일을 후회하는 것보다

해보지도 못하고 후회하는 것이 훨씬 바보스럽다.

- 탈무드

무언가를 하는 데 있어 적절한 때란?

모든 것이 갖춰지는 때를 기다리다 보면

그 무엇도 못하게 된다.

단지 가장 빠른 때가 가장 적절한 때이다.

우리에게 주어진 시간 중, 가장 빠른 때는?

언제나 그때는 지금 당장이다.

어차피 가야 할 길이라면 머뭇거릴 이유는 없다.

어차피 해야 할 일이라면 주춤거릴 이유는 없다.

미래를 선택할 수는 없어도, 미래를 준비할 수는 있다

베짱이가 놀 때
왜 개미는 열심이었나?

개미는 알고 있었다,
언젠가는 겨울이 온다는 사실을.

우리 삶에도
어찌 좋은 날만 있으랴?
오늘은 맑아도
비 내리는 날도 올 거다.

미래를 선택할 수는 없다 해도
어떤 준비를 어떻게 했느냐는
단지 우리의 선택일 뿐이다.

성실하면 성공할 수 있을까?

사람들은 성실하면 성공한다고들 한다. 하지만 아무리 성실해도 안되는 건 안 되는 거다. 능력이 안 되는 사람이, 성실하면 성실할수록 주위 사람들은 더 가슴 아프고 답답할 뿐이다.

반면에 능력이 되는 사람도 성실하지 못하면 성공하지 못한다. 능력이 되는 사람이 성실하지 못하면 그 사람이 미워진다.

결국, 성실한 사람이 다 성공하는 것은 아니지만, 성공한 사람은 예외 없이 성실하다는 말이 진실인 듯하다.

'성실 = 성공'인가? 성실하면 성공할 수 있을까?

'성공 = 성실 × 능력 + 운'이다. 큰 성공을 하려면 운이 따라야 한다.

하지만 성실하고 능력을 갖췄다면 어떻든 성공할 수 있다.

운은 더하기의 문제지만, 성실과 능력은 곱하기 문제이다.

하나라도 0이면 0이 되어버린다.

게다가 운은 우리의 영역이 아니지만,

성실과 능력은 분명한 우리의 영역이다.

'왜-어떻게-무엇을',
생각하고 실천하라

누구나 꿈을 가지고 있다. 어떤 이는 허황한, 또 어떤 이는 지나치게 현실적인 꿈을 가진다. 많은 이들의 꿈이 꿈으로만 그치는 것은 그 꿈의 실현 가능성이나 실현 방향을 무시한 채 그냥 원하는 바를 꿈으로 삼기 때문이다.

애초에 실현 불가능한 꿈만 아니라면, 그 어떤 꿈이든 선명한 그림을 그리고 방향을 잡아, 쉬지 않고 나아갈 때 그 꿈에 도달한 자신을 만날 수 있다.

꿈이 꿈으로 그치지 않기 위해서는

왜(Why) 그 꿈을 꾸는지

그 꿈을 통해 어떤 모습을 이루려는지 그려보고,

어떻게(How) 그 꿈을 이룰지

방향과 방법을 설정하여,

무엇(What)을 해야 그 꿈을 이룰 수 있는지

구체적인 계획들을 세워야 한다.

제대로 된 방향, 올바른 방법으로
구체적인 계획들을 하나하나 이루어갈 때
완성된 하나의 꿈을 만날 수 있다.

시도하고, 실천하고, 최선을 다하고,
설사 실패를 하더라도
다시 한 번 시도하고, 실천하고, 최선을 다하라.

장벽을 넘으면 새로운 세상을 만난다

지금 힘들고 지치는가? 주저앉아 모든 걸 포기하고 싶은가? 독일의 철학자 니체는 "나를 죽이지 못하는 고난은 나를 더욱 강하게 만들 것이다."라 하였다. 죽을 만큼 괴롭고 힘들어도 죽지 않고 버텨낸다면 그만큼 더 강하고 성숙해진 자신을 만날 수 있다는 것이다.

지금 힘든가?
그건 정상을 향해 잘 오르고 있다는 뜻일 것이다.

지금 편한가?
그건 아쉽게도 내리막이라는 의미일 것이다.

힘들어도 정상을 향해 나아가는 사람이 있는 반면,
지레 지쳐 내리막을 택하는 부류도 있다.

살다 보면 때론 장벽도 만난다.
하지만 그 장벽을 넘으면 또 다른 세상이 펼쳐지게 된다.

묘수 많으면 바둑 진다

바둑뿐 아니라,
세상 모든 일에 묘수 많아 좋을 게 없다.

묘수를 둔다는 건
그만큼 상황이 안 좋다는 얘기다.
하지만 비상식적인 수로
계속 성과를 낸다는 건 불가능한 일이다.

세상에는 기묘한 수보다는
상식적으로 풀어야 할 일들이 훨씬 많다.
비록 지금 상황이 안 좋더라도
한 발, 한 발, 상식적으로 풀어가라.

황량한 들판에도 꽃은 피고,
살을 에는 겨울에도 매화는 핀다

온실 속의 화초는 야생을 모른다.

주위 둘러 온기만 취할 뿐 들녘의 처절함을 이해하지 못한다.

꽃잎을 때리는 빗줄기, 줄기를 꺾는 바람.

어느 구석에선 야생화 피어오르고 어느 모서리에선 밟혀 으깨질지도 모를 온실 속의 화초는 알 수가 없다.

왜 황량한 들판에도 꽃이 피는지.

화사한 벚꽃은 겨울을 모른다.

주위 둘러 존재란 봄일 뿐 겨울의 냉엄함을 깨우치지 못한다.

봄 여름 가을 겨울, 제 나름의 색깔들.

어느 구석에선 여름을 추앙하고 어느 모서리에선 겨울을 연모할지도 모를 화사한 벚꽃은 알 수가 없다.

왜 살을 에는 겨울에도 매화가 피는지.

나 자신을 바꿔라

누구나 어제보다 나은 오늘, 오늘보다 나은 내일을 기대하며 살아간다. 하지만 대부분은 자기의 삶이 바뀌길 바라면서도, 자신을 바꾸지는 않는다.

아인슈타인이 말하길, "똑같은 방법을 반복하면서 다른 결과가 나오기를 기대하는 사람은 정신병자다."라 하였다. 결국, 대부분이 정신병자라는 얘기다.

어제는?
오늘은?
내일은?

무얼 했는가?
무얼 하는가?
무얼 할 건가?

어느덧 어제는 묻혀버렸고
오늘은 또 다른 어제가 되고 있다.
내일은?
단지 또 다른 오늘이겠지?

내일을 꿈꾸지만
오늘을 맴돌기만 하는 바보.
바뀌어야 할 건, 자신이건만
오늘도 세상이 바뀌길 바라고 있다.

버려야 집중할 수 있다

사람들은 선택과 집중을 얘기하며, 집중의 중요성을 말하곤 한다. 하지만 집중을 위해선 선택과 집중의 2단계가 아닌, 하나의 단계가 더 필요하다.

그건 선택의 전 단계로 버림의 단계이다. 선택하려면 그 전에 무언가를 버려야 한다. 운동해야 한다면 쉬고 싶은 욕구를 버려야 하고, 새로이 변화하는 모습을 원한다면 그간의 익숙한 나를 버려야만 한다.

손에 뭔가를 쥔 채 또 새로운 것을 잡는다는 건 가능하지도 않거니와, 어설프게 잡는 자체가 결국은 둘 다를 놓치는 바보짓일 뿐이다.

버리고, 선택하고, 집중하라. 버리지 않고 선택한다는 것은 집중할 수 없는 이유를 만들 뿐이다.

어제는 죽은 시간.
내일은 없는 시간.
항상 오늘에 집중하라.

내가 할 수 있는 시간에 내가 할 수 있는 일에 집중하라.

많이 버릴수록
많은 걸 얻게 된다

살면서 변하지 않는 건 없다.
내일 또다시 해가 뜬다 해도
오늘의 해는 아니다.

변화를 원한다면
편안하고 익숙한 자기 자신을 버려야 한다.
'지금의 나'가 아닌
'또 다른 나'로 돌아올 각오를 해야 한다.
이 때문에 변화하면
처음엔 잃는 것이 많다.
아니, 버려야만 한다.

'지금의 나'를 많이 버릴수록
더 많은 걸 얻게 된다.

변화 없는 훈련은
훈련이 아니다

외국어 공부를 하는 데는 교육보다 훈련이 더 필요하다. 끊임없는 반복 훈련을 통해 머리가 아닌 몸으로 익혀야 한다.

외국어뿐 아니라 우리의 일 대부분이 머리로 아는 걸 넘어 몸이 먼저 반응해야 하는 경우가 다반사이다. 몸이 먼저 반응한다는 것은 지금의 나와는 다른 습관이 배여야 한다는 의미다. 그러기 위해 집중과 반복은 반드시 필요한 것이다.

교육은 모르는 걸 알기 위해
몸이 아닌 머리로 지식을 익히는 것이고,
훈련은 아는 걸 해내기 위해
머리보다 몸이 먼저 반응토록 하는 것이다.

프로야구 선수들이 야구를 몰라서
겨울마다 훈련할까?

아는 것과 하는 것은 다르기 때문에
끊임없이 훈련하는 것이다.

변화 없는 훈련은 훈련이 아니다.
우리가 훈련하는 건
어제와 다른 몸과 마음을 만들어
어제와 다른 행동을 하기 위함이다.

의지가 있다면
능력부터 키워라

「강력 3반」이라는 영화를 보면, "범인을 너무 잡고 싶으면 괜히 눈물이 난다."라는 대사가 나온다.

그런다고 범인이 잡힐까? 의지와 의욕만으로 되는 일은 없다. 뜨거운 감성과 냉철한 이성, 실제 능력이 필요한 것이다. 안다는 것과 한다는 것만큼, 할 수 있다는 것과 해낸다는 것도 다른 차원의 얘기다.

의지가 중요한가, 능력이 중요한가?

1592년 임진왜란이 일어나고,
한동안 우리의 국토는 유린당하였다.
그때 우리 선조들의 애국심이 약하고,
국토 수호에 대한 의지가 박약했던 것일까?

1950년 6·25가 발발하고,

우리는 포항 아래까지 밀려야 했다.

우리의 승리 의지가 약하고,

자유민주주의에 대한 수호 의지가 부족했던 탓일까?

정의 없는 힘은 폭력이고,

힘없는 정의는 무능이라는 말처럼

능력 없는 의지 역시, 무능일 뿐이다.

의지가 있다면, 우선 능력부터 키워라.

딸 놈은 따고, 잃을 놈은 잃는다

'운7기3運七技三'이란 말을 아는가? 일의 성패는 운에 달린 것이지 노력에 달린 것이 아니라는 의미로, 운運이 70%를 결정하고, 기技는 단지 30%를 좌우할 뿐이라는 말이다. 운의 다른 이름은 우연이다. 우연한 좋은 결과란 운이 따랐다는 것이요, 우연한 나쁜 결과는 운이 없었다는 것이다.

하루하루를 놓고 보면 정말 '운7기3'인 것처럼 느껴진다. 하지만 삶의 연속되는 나날을 보면, 우연이란 없다. 특히나 '운7기3'을 강조하는 노름판에서도 한 판, 한 판을 보면 그런 경향이 있는 듯하지만, 마지막 끝날 때 보면 열 번 중 아홉 번은 딸 사람이 따고 잃을 사람이 잃는다.

매일 노름이 반복되면 어떨까? 아마도 100%, 최종적으로는 딸 사람이 따게 될 거다. 세상 무슨 일이든 될 놈은 되고, 안될 놈은 안 된다는 얘기다. 결국 짧게 보면 '운7기3'일지 몰라도, 길게 보면 '운0기10'이 아닐까?

삶을 뜻하는 생生이라는 글자는
소牛가 외나무다리一 위를 건너는 모습을
형상화한 것이라 한다.
인생人生이란,
외나무다리 건너듯 조심스럽고 어려운 것이란 뜻이리라.

세상에 우연이란 없다고 한다.
단지 우연을 가장한 필연만 있을 뿐.
오늘의 내 모습은 어제의 결과일 뿐,
우연한 결과물이 아니다.

오늘 내가 무엇을 하느냐가
내일의 나를 결정하게 된다.

노아가 방주를 만들 때,
비가 왔을까?

준비라는 말의 뜻을 아는가?
준비의 사전적 의미는 '미리 마련하여 갖춤'이고,
한자어로는 '準(본받다)', '備(갖추다)'
본받아서 갖추다라는 뜻이다.

우리는 지난 후에,
"그때 그랬더라면…"이라는 말을 한다.
하지만 다시 기회가 주어져도
기회를 잡지 못한다.
기회는 준비된 사람만이 잡을 수 있는 선물과 같은 것이다.

생각해 보라.
노아가 방주를 만들 때, 비가 왔을까?

드러난 문제는 문제가 아니다: 문제부터 찾아라

정상적인 사람이라면 누구나
문제가 생기면 답을 찾으려 한다.
그런데 그들 대부분은 답만 열심히 찾고 있다.
더 급한 건 문제를 찾는 일인데.

다들 문제를 알고 있다고 오판을 하지만,
그들이 문제라 생각하는 것은
문제가 아니라 그 문제로 인한 결과일 뿐이다.

이런 결과를 만들어낸 드러나지 않은
실제 문제가 무엇인지부터 찾아야 한다.

문제를 찾아도 답을 못 찾을 수는 있다.
하지만 문제를 모르면 답을 찾을 수가 없다.
고작 찾아내는 답은 한마디로 미봉책일 뿐.
근원적인 해결책이 될 수 없다.

계획대로만 되는 삶은 없다

비행기의 자동항법장치는 비행기가 예정된 경로와 고도로 항행하도록 하는 자동 조종 장치를 말한다. 이런 자동항법장치가 있으면, 처음에 설정한 비행항로로 그냥 그대로 운항하게 될까?

자동항법장치는 비행기가 정해진 항로를 순항하도록 끊임없이 날개의 각도를 조종한다. 정해진 항로를 유지하기 위해서 비행 방향, 자세, 고도를 끊임없이 맞추어 가는 것이다. 이때, 날개 각도를 바꾸면서 잘 느껴지지는 않지만 보통 20피트(약 6m) 정도, 많게는 100피트(약 30m) 정도 하강과 상승을 반복하며 정해진 항로에 맞춰간다.

자동항법장치는 정해진 항로를 그대로 따라가는 것이 아니라 약 30m의 오차를 두고, 계속 조종하여 정해진 항로를 벗어나지 않도록 하는 것이다.

삶도 이와 같다.
단지 차이가 있다면 우리 삶의 항로는 기계가 아닌,
우리 스스로가 조종해야 한다는 차이일 뿐이다.

계획대로만 되는 삶이 있겠는가?
계획을 세우고 실천하면서,
수시로 점검하고 방향을 다시 잡아가야
이르고자 하는 곳에 이를 수 있다.

성공을 꿈꾸는 사람은
실패를 품에 안을 각오를 해야 한다

설거지하다 보면 그릇을 깰 수도 있다. 설거지하다 그릇을 깨는 사람과 그릇을 깨는 게 두려워 설거지하지 않는 사람, 어느 쪽이 더 문제인가?

결과가 두려워 웅크리다 보면 아무것도 할 수가 없다. 존 우드는 "최악의 선택은 아무것도 하지 않는 것이다."라 하였다. 실패를 끝으로만 인식하지 않는다면, 실패에서도 많은 것을 배울 수 있다.

성공한 사람들은 실패하지 않은 사람들이 아니라, 실패를 극복하고 목적하는 바를 이뤄낸 사람들이다. 에디슨도 전구를 개발할 때, 수천 번의 실패를 했다. 그럼에도 멈추지 않았기에 끝내 성공할 수 있었다. 에디슨이라서 가능했던 걸까?

아니다, 아기가 걷는 것을 배우기 위해 평균 2,000번을 넘어진다고 한다. 우리는 기억조차 못 하고 있지만, 이미 우리는 2,000번의 실패 끝에 성공을 경험했다.

세상의 모든 일에는 실패가 내재하여 있다.

실패는 성공의 파트너로 자리 잡고 있는 것이다.

성공을 꿈꾸는 사람은 실패를 품에 안을 각오를 해야 한다.

인생의 실패란

실패 그 자체가 아니라, 포기하는 것이다.

목표가 없는 자에겐 실패가 없다.

계획하지 않는 자에겐 실패가 없다.

행동하지 않는 자에겐 실패가 없다.

모든 실패는 성공을 꿈꾸는 사람에게만 존재한다.

목표를 세우고, 계획하고, 행동하자.

그래야 실패도 할 수 있고,

최후에 웃는 인생 승리자가 될 수 있다.

나이를 먹음에 늙는 게 아니라,
꿈을 잃음에 늙어가는 것이다

'앎(알음)', 즉 안다는 이 말은 '앓음'과 '아름'에서 온 말이라 한다. 안다는 것은 앓는다는 만큼 아프다는 것이고, 그렇게 아픔을 이겨낸 안다는 것은 또 아름답다는 의미라 한다.

가장 행복한 삶은 항상 배우고, 배움을 통해 발전하고, 꿈을 이루어가는 삶이 아닐까? 항상 배우자. 실패에서도 성공에서도 계속 배워 나가자.

언젠가 그 무엇이든 내 분야에선 그 누구에게도 뒤지지 않는 나만의 영역을 구축하고, '크고, 작고'를 떠나 계속 꿈을 이뤄나가는 그런 삶을 살아가자.

누군가 말하길, 나이를 먹음에 늙는 게 아니라, 꿈(이상)을 저버림에 늙는 것이라 했다. 내 꿈을 내가 죽는 그 날까지 더욱 크고 밝게 키워, 꿈이 커지는 만큼 나도 커 나가는 그런 삶을 살자.

멈추지 말자, 멈추지 않는 자전거는 쓰러지지 않는다.

편한 길보다 힘든 길을 가라

히말라야 고산족은 양을 사고팔 때, 크기보다 행동을 중히 여긴다. 양이 풀을 뜯어 먹는 방향에 따라서 가격이 매겨지는 것이다. 힘들어도 산 위로 올라가면서 풀을 뜯는 놈은 깡마른 놈이라도 비싼 값을 받고, 몸집이 좋은 놈이라도 편하게 산 아래로 내려가며 풀을 뜯는 놈은 값이 내려가 버린다.

힘들게 위로 올라가는 양의 미래가 산기슭의 넓은 풀밭이라면, 아래로 향하는 양의 미래는 굶어 죽을 수밖에 없는 산 아래 계곡이라는 생각에서다.

사람이나 짐승이나 편한 길만 찾는다면,
암울한 미래만 있을 뿐이다.
쉽고 편한 길보다는 어렵고 힘든 길을 가라.
아마도 히말라야 산 기슭처럼
꿈을 이룰 넓은 세상이 펼쳐질 것이다.

인생의 성공이란,
미래를 위한 현재의 희생이다

호아킴 데 포사다의 「마시멜로 이야기」를 보면, 만 4세의 아이들에게 마시멜로를 주고, 15분 동안 먹지 않고 참으면 1개를 더 주기로 하고 자리를 비운다. 아이들은 먹는 걸 참을까, 아니면 그냥 먹을까?

대부분은 참지를 못하고 그냥 먹어버린다. 시험 대상이었던 아이들의 이후 10년 성장 과정을 보면, 15분을 참았던 아이들은 그렇지 못한 아이들보다 학업 성적, 친구들과의 관계, 스트레스 관리 등 모든 면에서 뛰어나다는 사실이 확인되었다.

우리는 다를까? 아이든 어른이든 눈앞의 현실만 중요하게 여기는 게 인간의 속성이라 한다. 김난도 서울대학교 교수는 "인생을 성공하는 비결은 단 한 가지, 현재의 쾌락을 미래로 지연시키는 능력이다."라고 하였다.

그렇다고 무작정 참고 기다리는 것은 멍청한 짓일 뿐이다. 내일의 성공은 오늘 어떤 선택을 하고, 어떻게 행동하느냐에 따라 결정된다. 선택하고, 행동하라.

PDCA(Plan-Do-Check-Action)

PDCA는 사업 활동에서 생산성이나 품질 등을 관리하기 위한 기법이지만, 사업체가 아니라도 누구나 효율적인 삶, 성공적인 삶을 꿈꾸는 사람이라면 적극적으로 활용해야 한다.

성공을 위해선 자신만의 비전이 있어야 하고 그것을 이루는 데 있어 PDCA는 정말 유용한 관리방법이다. 계획(Plan)하고, 그것을 실행(Do)해서, 점검(Check)하고, 점검해서 문제가 있으면 조치(Action)해야 한다. 조치가 끝나면 다시 계획을 세우고….

PDCA 사이클을 계속하다 보면 성장하고 발전한다. 자신의 인생에서 성장과 발전이 없다고 느끼는 사람은 비전이 없거나 비전은 있는데 PDCA가 없는 사람이다. 인생에서 성공하고자 하는 사람은 비전을 세우고 끊임없이 PDCA를 해야 한다.

안정 없이 변화 없고,
변화 없이 안정 없다

살아남는 종은 가장 강한 종도, 가장 지능이 높은 종도 아니다.

변화에 가장 잘 적응하는 종일 뿐이다.

- 찰스 다윈

안정과 변화는 동반자다.

동전의 양면처럼 항상 함께하는 것이다.

안정되지 않은 상태에서 변화한다는 건,

구구단을 모르는 상태에서 곱셈, 나눗셈하는 것과 같다.

억지로 문제들을 풀 수는 있으나,

결국엔 제풀에 지쳐 쓰러지고 만다.

변화하지 않고 안정을 지속한다는 건,

바람 앞의 등불과 같다.

그나마 바람이 약할 땐 견딜 수 있으나,
세찬 바람에는 그 명을 다하게 된다.

안정 속에서 변화를 꾀하고,
변화했으면, 또 안정을…
끊임없이 안정과 변화를 반복해 가야만 한다.

어떻게 하느냐가
그 사람을 말해준다

목표는 단순하나,
달성하는 과정은 참으로 다양하다.

그 어떤 경우든
목표만큼 과정도 중요하다.
방법을 따지지 않고
목표만 달성한다면
결국은 망하는 길이다.

목표를 달성하기 위해
자기 자신을 속이지도 말고,
다른 사람을 피해자로 만들지도 말라.

모든 목표는 달성할 수 있다.
어떻게 달성하느냐가 그 사람을 말해준다.
올바른 방향, 올바른 방법으로 나아가라.

성공의 뉴턴 법칙

뉴턴의 제1법칙: 관성의 법칙

관성의 법칙이란 모든 물체는 외부로부터 힘이 작용하지 않는 한 정지해 있던 물체는 계속 정지해 있고 움직이던 물체는 계속 움직이려 한다는 법칙이다.

사실 우리 삶도 이와 같다.
내일을 위해 끊임없이 공부하고 준비하는 사람도 그대로,
아무런 생각 없이 그냥 되는대로 사는 사람도 그대로,
누구나 하던 그대로 살아가려 든다.

뭔가 하나 목표를 가져라.
그 목표를 달성하기 위해 계획하고 행동한다면,
앞으로도 쭉 뭔가 배우며 준비하는 삶을 살게 될 것이다.
바라건대, 이번 기회에 시작하자.

생각하는 대로 살지 않으면, 사는 대로 생각하게 된다.

- 폴 부르제

뉴턴의 제2법칙: 가속도의 법칙

자전거의 페달을 밟으면 자전거는 움직이기 시작하고, 페달을 더 세게 밟으면 자전거는 더 빠르게 움직인다. 장애물을 만나 브레이크를 밟으면 멈추게 되고.

그런데 같은 크기의 힘이 작용하더라도 무게에 따라 가속도는 달라진다. 같은 힘으로 무거운 볼링공과 가벼운 탁구공을 각각 밀어 보면, 어느 공이 더 쉽게 움직일까? 또 두 공이 같은 속력으로 굴러가고 있을 때 어느 공이 더 쉽게 멈출까?

탁구공이 쉽게 움직이고 쉽게 멈춘다. 무게가 무거울수록 속력을 변화시키기 어렵기 때문이다.

성공하는 삶을 위해서는 우선 의지가 굳세어야 한다.
물론 의지만으로 되는 일은 없지만,
의지가 약하다면 주위의 사소한 요소에도 영향을 받는다.
마치 가벼운 입김으로도 탁구공이 움직이듯이.

굳센 의지에 실천적인 노력을 더 한다면
"네 시작은 미약하였으나 나중은 심히 창대하리라."라는
성경 말씀처럼 성공한 인생을 살게 될 것이다.

뉴턴의 제3법칙: 작용-반작용의 법칙
한 물체가 다른 물체에 힘을 작용하면 상대되는 물체도 힘을 작용한 물체에 크기가 같고 방향이 반대인 힘을 작용하게 된다. 즉, 외부로부터 힘이 작용하면 같은 크기의 힘이 반작용하게 된다.

우리가 무얼 하든 새로운 시작에는 저항이 따른다.

공부에는 공부에 반하는 저항,

운동에는 운동에 반하는 저항.

내일부터 하면 안 될까 하는 나약한 마음들이 생겨난다.

이때 알아야 할 한 가지가

인생에서의 성공이란 거저 얻어지는 것이 아니라,

그것을 실천하는 결단과 희생을 요구한다는 것이다.

　　저항을 무너뜨리고 모든 장애를 쓸어 없애주는 것은

　　지속적이고 결연한 노력뿐이다.

- 클라우드 M. 브리스톨

확신이 있다면 포기하지 않는다

옛날 영국에는 많은 여우로 인해 양계장 등에 피해가 커, 가을부터 겨울까지 농장주가 대대적인 여우 사냥을 하였다. 여우 사냥은 수십 마리의 여우 사냥개(폭스하운드)를 풀어 여우를 물어 죽이게 하는 것이다.

사냥개들은 여우를 찾아 사냥에 나서고, 한 마리의 개가 여우를 보고, 짖으면서 쫓아가면 수십 마리의 개들이 여우를 쫓아간다.

여우는 필사적으로 도망을 가고, 한참을 쫓고 쫓기는 시간이 계속된다. 이러다 보면 사냥개들은 하나, 둘씩 포기를 한다. 하지만 끝까지 포기하지 않고 쫓아가 여우를 물어 죽이는 개가 있다.

그 개는 과연 어떤 개일까?
무엇이 다르기에 끝까지 포기하지 않았을까?
그 개는 맨 처음 여우를 발견한 개라고 한다.

우리도 마찬가지다. 모두가 포기하더라도 자기만큼은 확신을 하고 있다면 끝까지 해낼 수 있다.

패배 없는 승리 없고,
실패 없는 성공 없다

"우물쭈물하다 내 이럴 줄 알았다."

영국의 극작가 버나드 쇼는 자신의 묘비명으로 많은 걸 얘기해 준다. 이 말은 주저하지 말고 과감하게 능동적으로 살아가라는 말이다.

세상의 모든 밝음은 어둠을 만든다. 태양이 비추면 그늘이 생기듯이, 밝음에는 필연적으로 어둠이 생기는 것이다. 이렇듯 승리에는 패배가 존재하고, 성공에는 실패가 존재한다.

승리하고자 하는 사람은 패배를 각오하고 싸우는 것이고, 성공을 원하는 사람은 실패를 두려워하지 않고 도전하는 것이다.

누구나 무언가를 행동으로 옮길 땐 두렵고 주저된다.

하지만 용기란 두려움이 없다는 것이 아니라

두려움에도 불구하고 한다는 의미임을 명심해야 한다.

생각하는 것보다 삶은 짧다.

두려움에 물러서다 보면 쫓기는 삶을 살 뿐이다.

물러서지 말고 부닥쳐 보라.

만약 실패한다면?

말장난으로 들릴지 모르나

삶은 길다, 그 실패를 극복하고도 남을 만큼.

누구나 하루에 24시간을 가지지만,

누군가는 그보다 훨씬 작은 시간을 쓰고,

다른 누군가는 훨씬 더 많은 시간을 활용하고 있다.

두려움 없이 도전하라.

아니, 두려움에도 불구하고 도전하라.

언제든 그만둘 수 있으니
지금은 그냥 해봐라

살다 보면 누구나 모든 걸 놓아버리고 싶을 때가 있다.
힘들고 지쳐서 도피하고 싶은 마음.
한 가지 확실한 건 나만 그런 것이 아니라
누구나 그런 때가 있다는 것이다.

직장인은 회사가 가기 싫고,
학생은 학교가 가기 싫은 마음.

하나만 명심해라.
누군가는 그런 삶을 원한다는 따위의 훈계는 않겠다.
그만두고 싶다면 언제든 그만둬라.
하지만 다시 하고 싶을 땐, 언제든 다시 할 수 있을까?
삶의 대부분은 그만두는 건 마음대로이지만,
다시 하는 건 마음대로가 아니더라.
언제든 그만둘 수 있으니,
지금은 그냥, 그냥 해봐라.

중요한 것은 환경의 방향이 아니라, 우리 마음의 방향이다

배의 항로를 결정짓는 것은
바람의 방향이 아니라, 돛의 방향이다.
마젤란이 인류 최초의 지구 일주 항해 선단을 이끌었던 것도
콜럼버스가 아메리카대륙에 갈 수 있었던 것도
중세 항해기술의 발전 덕택이었다.
당시의 범선은 돛을 이용하여 바람의 힘으로 나아가는 배이다.
상식적으로는 역풍이 불면 배가 앞으로 나아갈 수 없다.
하지만 중요한 건 바람의 방향이 아니라 돛의 방향이라는,
항해기술의 발전으로
역풍에도 불구하고 원하는 목적지로 나아갈 수 있었다.

사람들은 환경 탓을 한다.

여의치 않은 환경 탓에 뜻한 바를 이루지 못한다고.

하지만 더 어려운 환경에도 불구하고

꿈을 이루는 많은 사람이 있다.

어렵고 힘든 상황이 긍정적이라는 것은 아니다.

하지만 우리 역시

삶의 역풍에도 불구하고 꿈을 이룰 수 있다는 것이다.

중요한 것은 환경의 방향이 아니라 우리 마음의 방향이다.

실패와 패배를
정면으로 직시하라

바둑이 끝난 후, 승자와 패자가 대국의 내용을 되짚어보는 것을 복기라고 한다. 패자의 입장에선 자신의 패인을 곱씹어 본다는 것이 괴로운 일이다. 하지만 복기를 통해 자신의 잘못을 마주 보고, 다음에 되풀이하지 않을 힘을 얻게 된다.

복기란 패자는 다음엔 지지 않기 위해, 승자는 또다시 이기기 위해 반드시 필요한 과정이다.

때론 성공보다는 실패에서 더 많은 걸 얻는다.
왜 실패했는지를 되돌아보고
성공하는 길을 찾아라.

때론 승리보다는 패배에서 더 많은 걸 배운다.
왜 패배했는지를 돌이켜보고
승리하는 법을 배워라.

그러려면 절대 후회하고 앉아 있어서는 안 된다.
바둑을 잘 두려면 복기를 해야 한다.
삶의 실패와 패배도 복기해야 한다.

실패와 패배를 정면으로 직시할 때
그 원인을 찾을 수 있다.
그 속에서 철저히 반성하고, 준비한다면
성공과 승리는 벗이 되어 줄 것이다.

천천히 끝까지 가라

쉽다고 방심하지 마라.

100m 달리기도

마음이 너무 앞서면 앞으로 넘어지게 된다.

마찬가지로 한달음에 해치우려 마음만 앞서면,

예기치 못한 실수와 실패를 하게 된다.

차라리 한 발 늦춰 풀어나간다면

조금은 늦을지라도 모든 걸 깔끔하게 해낼 수 있다.

어렵다고 포기 말라.

천릿길을 가는 사람이 천 리 뒤의 끝을 먼저 보면

지레 겁먹어 출발조차 할 수 없다.

마찬가지로 해야 할 일이 너무 많다고 주춤거리면,

결국은 출발선만 맴돌다 말게 된다.

하지만 한 발, 한 발 나아간다면

시간이 걸릴지라도 모든 걸 해내는 나를 발견할 수 있다.

마음이 시키는 일이 아니라,
생각이 시키는 일을 하라

마음이 구분하는 일은 하고 싶은 일과 하기 싫은 일이다. 그러면 생각이 구분하는 일은? 생각이 구분하는 일은 해야 하는 일과 하지 말아야 하는 일이다.

마음이 시키는 대로 일을 하다 보면, 하고 싶은 일만 하게 된다. 해야할 일을 팽개친 채 쉽고 편한 일, 마음에 드는 일만 하게 되는 것이다.

성장하고 발전하기 위해서는 어렵고 힘들더라도 생각이 시키는 일을 해야 한다. 하지 말아야 할 일을 참고, 해야 할 일에 집중하는 것이다.

마음 내키는 대로 할 것인가?

생각하는 대로 할 것인가?

물론 마음이 시키는 일도 가치 있는 일이 많다.

마음은 남을 돕고 베푸는 일, 선한 일을 권한다.

하지만 그런 일을, 생각은 하지 말라고 할까?
생각이 시키는 일은
선한 일뿐만이 아니라
어려워도 가치 있는 일,
힘들어도 보람 있는 일들이다.

남을 돕는 것만큼 나 자신도 도와야 한다.
나를 성장, 발전시키기 위해
생각이 시키는 일을 해라.

| Chapter 2 |
관계

뭐든지 잘 될 때는 아무 문제 없다.
하지만 안 될 때는 모든 게 문제다.

행복은 관계에서 온다

나는 수다로부터 침묵을 배웠고,

무관용으로부터 관용을 배웠으며,

불친절로부터 친절을 배웠다.

하지만 나는 이 선생님들이 고맙지 않다.

- 칼릴지브란

세상에서 가장 불행한 사람은

어디에도 속하지 못한 사람이다.

소속감은 사람을 행복하게 만든다.

행복은 관계에서 온다.

가족과의 관계,

친구들과의 관계,

동료들과의 관계.

관계가 좋은 사람은

그 자체로 행복한 사람이다.

살면서 자산을 쌓아라

사람들은 살아가면서 많은 이유로 돈을 모은다. 결혼자금, 주택자금, 교육자금, 노후자금 같은…….

자금이란 뭔가? 자금資金의 금金은 돈을 뜻하는 한자어로 결국 자금이란 유형의 돈을 말한다. 국어사전은 사업을 경영하는 데에 쓰이는 돈이나 특정한 목적에 쓰이는 돈이라고 정의하고 있다.

반면에 자산資產의 산產은 '낳다, 생산하다'를 뜻하는 한자어로, 자산이란 지속적으로 생산, 유지되는 재산을 말하는 것이다. 국어사전에는 경제적 가치가 있는 유형·무형의 재산, 비유적으로는 미래에 성공하거나 발전할 수 있는 바탕이 될 만한 것이라 정의되어 있다.

살아가면서 필요한 목적에 맞춰 자금을 준비하는 것은 훌륭한 일이다. 하지만 가능하다면 자금이 아닌 자산을 쌓아야 한다. 목적에 맞춰 쓰여서 없어지는 돈이 아니라, 지속적으로 생산, 유지되는 자산을 준비하라는 얘기이다.

자금이 유형의 돈을 말하는 것이라면,
자산은 돈을 포함한 유형·무형의 모든 것들이다.
공부로 배운 지식도 우리의 자산이요,
일하면서 배우는 기술도 우리의 자산이다.
심지어 우리의 태도나 습관도 우리의 자산이 된다.

세상 모든 자산 중에서 최고의 자산은 사람이다.
살면서 모든 사람과 친구가 될 수는 없지만,
되도록 사람을 등지지 말고 가능한 많은 사람을 사귀고 함께해라.

자산에는 플러스만 있는 것이 아니다. 우리의 돈이나 지식, 기술은 언제나 플러스일 수 있지만, 태도나 습관은 종종 마이너스 자산이 되기도 한다. 사람이라는 자산에도 드물지만 마이너스가 있다. 태도든 습관이든 사람이든 마이너스는 과감히 정리해라.

왜냐고? 마이너스를 플러스로 바꾸는 건 정말 어렵기 때문이다. 차라리 그 노력으로 다른 플러스 자산을 더 쌓으라는 것이다.

미친년 머리에 꽃

누구라도 이해할만한 가벼운 농담이나 장난에 격한 반응을 보이는 사람을 보곤 한다. 나도 모르는 새 그 사람의 콤플렉스나 자존심을 건드려 버린 것이다. 세상엔 심각한 콤플렉스를 가진 사람들이 있고, 별일 아닌 것에 자존심이 상하는 사람들도 있다. 그럴 땐 별거 아닌 일에 너무 심한 반응을 보인다는 생각 말고, 그럴 수도 있다고 받아들여라. 격한 반응을 보인 사람도 괴로운 건 마찬가지이다. 자신의 과민반응은 스스로도 괴로운 법이다. 가능하다면 그냥 쿨하게 미안하다고 사과를 해라.

누구나 자신만의 역린逆鱗을 안고 산다.
내가 이해하지 못한다고 해서,
그 사람만의 역린을 무시해서는 안 된다.

그가 누구든 영원히 등지고 싶은 사람이 아니라면,
그냥 그의 역린을 인정해라.

미친년 머리에 꽃은 누구에게나 꽂혀 있다.

누구나 실수는 한다

살다 보면 누구나 실수를 한다.
실수했을 땐 주저 없이 사과해라.
잘못을 잘못으로 인정하는 사람은
같은 실수를 반복하지 않을 힘을 얻게 된다.

만약 사과해도 받아주지 않는다면,
그건 둘 중의 하나다.
너의 실수가 용납되지 않을 만큼이거나,
너의 실수를 용납할 만큼의 그릇이 안 되는 사람.

둘 중에 무엇이든
네가 할 수 있는 일은 없다.
다음에 그런 실수를 반복하지 않도록 최선을 다하는 수밖에는.

때론 형식이 내용을 지배한다

형식에 지나치게 매이다 보면, 그 본질마저 퇴색되어 버린다. 형식에 매인 결혼식이나 잔치도 행복하고 즐거움이란 본질이 사라지고, 괴롭고 귀찮은 단순 통과의례로 전락하여 버린다.

장례식도 지나치게 형식을 따지다 보면 고인을 보내드리는 자리가 아니라, 산 사람이 따라 죽어나는 형국이 되기도 한다.

하지만 형식이란 반드시 필요한 것이기도 하다. 내용에 맞는 형식은 사람의 마음을 그 내용에 맞게 다잡아 준다. 보이는 형식이 체계를 잡아 주고, 내용을 제대로 이행하는 힘을 주는 것이다.

형식이 중요한가?

내용이 중요한가?

우린 항상 형식보다 내용이 중요하다고 얘기한다.

공기처럼 중요한 것들은 잘 드러나지 않는다면서.

하지만 성경에서도 말하듯이

때론

형식이 내용을 지배한다.

'무엇을 하느냐'가 중요하지만,

'어떻게 하느냐'도 그만큼 중요한 것이다.

우린, 내용만큼 형식도 잘 갖춰야 한다.

경우에 따라선
겉모습이 모든 걸 결정한다

사람은 타인을 만났을 때, 동물적인 본능으로 위험을 판단하려 든다. 그러한 특성상 타인을 평가할 때 겉모습이 우선되는 것은 어쩔 수 없는 본능이다. 누구나 내면이 더 중요하다고 하지만, 내면을 보는 마음은 눈보다 즉시성이 현저히 떨어지는 것이다.

사람의 외모가 내면을 반영한다고 하지만, 겉모습으로 모든 것을 알수는 없다. 그러나 사람의 첫인상은 철저히 외면의 모습으로 판단된다. 그 첫인상을 바꾸기란 생각 이상으로 힘든 것이다. 굳이 나쁜 인상으로 시작할 이유는 없잖은가?

첫인상은 누구도 두 번 줄 수 없다.
그러나 첫인상의 위력은 의외로 막강하다.

- 주디 갈런드

겉모습이 중요한가?
속마음이 중요한가?

우린 항상 겉모습보다 속마음이 중요하다고 얘기한다.
내면에 갖춰진 모습이 진정한 그 사람의 모습이라며.

하지만 누구나
겉모습으로 사람을 판단한다.
물론 선입견일지라도.

경우에 따라선
속마음과 상관없이
이미 겉모습으로 모든 평가를 받게 된다.

이왕이면 다홍치마라 했다.
잘 가꾼 속마음을
깔끔한 겉모습에 담아라.

이럴 수도 있고, 저럴 수도 있다

사람들 간의 마찰이나 갈등은 어느 한쪽의 잘못도 아닌 경우가 대부분이다. 맞고 틀림이 아닌, 서로가 다름에 의해서 발생하는 문제인 것이다. 맞고 틀림이 아닐진대 옳고 그름을 가리지 마라. 그냥 서로가 다름을 인정하면 된다.

다른 사람의 생각이나 행동이 마음에 안 들 때면,
항상 '~수도 있다.'에서 출발해라.
'~수도 있다.'로 이해가 된다면 그냥 이해해라.

다른 사람의 생각이 항상 나와 일치할 수는 없다.
입안의 혀도 한 번씩 씹히지 않는가?
하지만,
입안의 혀도 어릴 때보다는 자라면서 덜 씹게 되고,
나이가 들면 웬만해선 씹을 일이 없다.
왜 그럴까? 누구나 익숙해진다.

특별하게 모난 사람만 아니라면
익숙해지는 만큼 맞추어 갈 수 있다.

세상 모든 일이 이럴 수도 있고, 저럴 수도 있다.
자신의 신념으로 살아가되,
남을 이해할 수 있는 사람,
더 큰 사람이 되었으면 한다.

쉽고 간결하게 얘기하라

말을 잘하고 싶다면, 쉽고 간결하게 얘기하라.
바보도 입을 열기 전엔 평균은 된다.
어려운 말로 괜한 잘난 체와 불필요한 사족들은
자신의 무능을 감추려는 전문가의 가면일 뿐이다.

말에 너무 많은 걸 담으려 애쓰지 마라.
한 번에 하나씩만 말해도 원하는 걸 취할 수 있다.
말이 많으면 쓸 말이 적은 법이다.

쉽고 간결하게 얘기하고,
한 번에 하나씩만 담아 가라.

우리가 두려워하는 만큼
사람이 사람을 배신하지는 않는다

사람이 기댈 곳은 사람뿐이다. 아무리 이합집산이 난무하는 세상이라 해도 우리가 두려워하는 만큼 사람이 사람을 배신하진 않는다.

진정한 행복은 사람과의 관계에서 온다. 사람과의 관계에선 받으며 살 때 보다 베풀며 살 때 더 행복한 삶이 된다. 다른 이를 위해서가 아니라, 나 자신을 위해서 베풀며 살라는 것이다.

이 세상 모든 기쁨은 다른 존재의 행복을 바라는 데서 오고,

이 세상 모든 고통은 자신만이 행복하기를 바라는 데서 온다.

- 샨티데바

완벽한 사람은 없다.

누구나 저마다의 강점과 약점을 가진

불완전한 존재일 뿐.

그래서 사람은 기대어 산다.

내가 그대를 받쳐주고

그대가 나를 잡아줄 때,

우린 진정으로 함께할 수 있겠지?

난 무엇이 부족한가?

그댄 무엇이 부족한가?

사람을 망치고 싶다면,
모든 것을 해주거나 아무것도 해주지 마라

사람은 원하는 것과 필요한 것을 잘 구분하지 못한다. 필요하다고 얘기하는 것들의 대부분이 필요라기보단 단지 원하는 것일 뿐이다. 자녀들도 자라면서 많은 것을 필요하다 말한다. 과연 필요한 것인가, 원하는 것인가.

꽃으로도 때리지 말라 했지만, 원하는 모든 것을 해주라는 말은 아니다. 산타는 원하는 것을 선물하지만, 부모는 산타가 아니고, 산타가 되어서도 안 된다.

리더는 사람들이 가고자 하는 곳으로 그들을 이끈다.
그러나 훌륭한 리더는 가고자 하는 곳이 아니라,
가야 할 곳으로 그들을 이끈다.

- 로잘린 카터

리더가 사람을 망치는 가장 쉬운 방법은

모든 것을 해주거나

아무것도 해주지 않는 것이다.

우리가 누군가의 성장을 바란다면

그냥 내버려둬도 안 되고,

모든 것을 다 해줘서도 안 된다.

그래서 중용이란 항상 어려운가 보다.

| 국어사전 |

중용中庸 지나치거나 모자라지 아니하고 한쪽으로 치우치지도 아니한, 떳떳하며 변함

이 없는 상태나 정도.

일관성을 가져라

항상 일관성을 가지려 노력해라.
악법도 법이라고
그나마 정해진 건 따라갈 수 있다.

하지만 아무리 좋은 법이라도
사람에 따라, 상황에 따라 바뀐다면
정말 피곤한 일이다.

누구나 변덕스러운 사람,
오락가락하는 사람을 반기지 않는다.
따르고 함께 할 수 있는 사람이 되려면
일관성을 가져야 한다.

리더는 결과보다 과정에 집중해야 한다

결과 없는 과정은 사람을 좌절시키고, 과정 없는 결과는 사람을 타락시킨다.

제대로 열심히 하는데도 결과가 안 나오는 사람을 보면 참 안타깝다. 왜 그럴까 하는 생각에 많은 고민도 생겨난다. 반대로 제대로 하는 것도 없이 결과만 나오는 사람을 보면 미워진다.

결과가 없어도 과정이 있는 사람은 희망이 있다. 좌절하지 않고 제대로만 해 간다면 결국은 결과를 만들어 낸다. 하지만 결과가 있어도 과정이 없는 사람은 언젠가 그 끝을 만나게 된다.

부모라면 자녀의 과정에 집중해야 하고,

리더라면 팀원들의 과정에 집중해야 한다.

결과는 자녀나, 팀원 자신이

알아서 집중하는 법이다.

부모나 리더는

하기 싫은 소리도 해야 하고,

하기 싫은 일도 해야 한다.

하고 싶은 소리

하고 싶은 일만 한다면

자녀를 망치고, 팀원을 망치게 될 것이다.

부모나 리더는 말이 아니라,

행동으로 보여야 한다.

Lead by example & show the way ahead.

솔선수범率先垂範해야 한다.

반복되는 만남과 이별은
쿨한 뒷모습을 요구한다

만나면 헤어지고, 헤어지면 또 만난다. 만남이 만남으로 소중하듯 이별은 이별로서 소중하다.

어차피 인생이란 먼 길을 가다 보면 스치고 부대끼는 만남 속에 영원을 약속하는 만남도 있고, 숱한 만남 속에 그냥 잊혀가는 이별도 있다. 지금의 가족, 친구, 동료들이 아무리 소중하다 해도 언젠가는 믿기지 않는 이별을 해야 할, 알 수 없는 기간의 관계일 뿐이다. 그래서 우리는 우리의 만남에 진솔해야 한다.

낙조우미落照尤美라는 말은, '뜨는 해보다 지는 해가 아름답다.'는 의미이다. 이별도 만남보다 아름다울 수 있을까?

만남과 헤어짐은 동전의 양면.
만남은 반갑지만 헤어짐은 아쉬움.

영원한 만남은 없어도 영원한 이별은 있기에
스쳐 가는 인연에도 진솔해야 한다.

오밀조밀한 세상은 반복되는 만남 속에
아름다운 앞모습보다 쿨한 뒷모습을 요구한다.

감히 바라건대, 그날이 오면
남겨지지 말고 떠나자.
서로 뒷모습을 보이지 않게.

무엇을 말하고자 하는가?
무엇을 듣고 있는가?

대화하면서 한 가지 유의할 것은
내 귀에 들리는 얘기가 아니라,
상대가 말하고자 하는 바를 이해해야 한다는 것이다.

반대로
내가 무엇을 말하느냐가 아니라
상대가 무엇을 듣고 있는가를 알아야 한다.

대부분은 서로를 위해 완곡한 표현을 즐긴다.
그래서 상대방의 말뿐만 아니라,
어떤 몸짓을 하고 있는지도 유심히 봐야 한다.

때론 하나의 몸짓이 백 마디 말보다
더 많은 것을 이야기한다.

가슴은 뜨겁게 머리는 냉철하게,
하지만 머리는 가슴 위에 있다

가슴은 뜨겁게 머리는 냉철하게, 하지만 머리는 가슴 위에 있다.

아쉬운가? 아니, 참으로 다행스러운 것이다. 뜨거운 가슴은 순간적으로 무슨 짓을 할지 모른다. 뜨거운 의협심으로 자신의 목숨을 던져 타인을 구하는 살신성인도 있지만, 그보단 지나친 판단으로 인한 돌이킬 수 없는 행동들을 더 많이 봐왔다. 살신성인은 사회의 미담이긴 하지만 사회 전체를 바꾸지는 못한다. 하지만 순간적인 본능으로 인한 가족 살인이나 '묻지 마 살인'은 사회 전체를 힘들게 하고, 병들게 한다.

참을 인忍 자가 셋이면 살인도 멈춘다 했다. 누구나 한 박자만 쉬면 될 일을 욱하는 감정으로, 순간적인 반응으로 큰일을 내는 것이다. 가슴은 이렇듯 순간적이다. 반면에 머리는 끓어오르는 가슴을 식혀 준다. 한 번의 생각과 사리판단을 거친 후 행동토록 해주는 것이다. 그래서 화가 나거나 욱할 땐 크게 숨을 쉬거나, 숫자를 열까지 헤아려 보라고 하는 것이다.

동물이 본능적인 반응을 한다면, 사람은 본능에 이성이 첨가된 반응을 해야 한다. 가슴은 본능적인 반응을 하고, 머리는 이성적인 반응을 하는 것이다.

철학자 데이비드 흄은, "이성이란 열이 없는 감정"이라고 했다. 이성은 감정이 열을 상실하면 비로소 움직인다는 것이다. 결국, 이성이 움직이기 위해선 차가워져야만 한다.

속일 수 없는 사람

한 사람을 속일 수는 있어도
모든 사람을 속일 수는 없다.

모든 사람을 잠시 속일 수는 있어도
모든 사람을 영원히 속일 수는 없다.

세상 모두를 속인다 해도
단 한 사람, 자기 자신만은 속일 수 없다.

우리가 끌리는 사람은
긍정적이고 희망을 품은 사람이다

우리가 끌리는 사람은
희망을 품은 사람,
매사에 긍정적이고 낙천적인 사람,
뭐든 할 수 있다는 자신감을 가진 사람이다.

사람은 누구나 에너지를 좋아한다.
활기차게 살아 움직이는 삶을 원한다.

희망과 긍정에는
에너지를 생성하고,
변화를 이끄는 힘이 있다.

다름을 인정할 때 조화를 이룬다

누구나 많이 듣는 얘기 중의 하나가 '틀리다'와 '다르다'에 대한 얘기다.

'틀리다'의 반대말은 '맞다'이며,
'다르다'의 반대말은 '같다'이다.
세상엔 시험처럼 맞고 틀림의 문제도 많지만,
대부분의 경우는 서로 다름의 문제이다.

세상 사람 모두가 같다면, 황막한 사막의 수많은 모래알과 다를 게 뭔가? 참으로 무미건조하고, 재미없는 기계 같은 삶이 될 뿐이다. 너와 내가 다르기에, 다양한 볼거리, 다양한 얘깃거리가 나오게 된다. 다름이 세상을 재미있게 만들어 주는 것이다.

하지만 때론 서로 달라 원치 않는 갈등이 생겨나고,
심한 경우 개인 간의 싸움, 국가 간의 전쟁을 일으키기도 한다.

서로가 다름을 인정할 때, 세상은 조화를 이룬다.

내 인생의 운전대를 남에게 넘기지 마라

인생이라는 자동차에서
운전자는 바로 나, 자신이다.

앞으로 달려나가
목적지에 다다를 수도 있고,
때론 멈추어 서서
쉬어야 할 때도 있다.
만약 잘못 든 길이라면
후진해야 할 수도 있다.

그 어떤 경우든
운전대를 남에게 넘기지 마라.
내 인생은
내가 선택하고,
내가 책임지는 것이다.

사람만이 사람을 바꿀 수 있다

사람이 바뀔 수 있을까?
사람은 정말 바뀌기 어렵다.

사람을 바꿀 수 있는 유일한 존재는 사람이다.
그 사람이 사랑의 대상이든, 증오의 대상이든
사람만이 사람을 바꿀 수 있다.

사랑하라.
증오보다는 사랑으로, 사람을 바꿔라.

시간이 흘러 사람이 아니라
사랑이 변한 걸 아파할지라도.

열정은 전염된다

운동경기에서 홈팀의 유리함은 열정에 의한 차이라고 한다. 홈 경기장의 익숙함에 의한 차이도 없지는 않으나, 그보단 관중들의 열정적인 응원이 선수들에게 전달되어 실력 외적인 열정이라는 어드밴티지로 주어진다.

응원단의 수가 비슷하고 응원 정도가 비슷하다면 승패의 요소도 비슷해진다. 응원자의 수, 응원자의 열광 정도, 응원이 선수들에게 미치는 정도가 홈 어드밴티지라는 것이다.

미국의 프로스포츠를 보면 야구, 미식축구와 같이 경기장이 크고 개방된 경우는 홈팀 승률이 53% 정도이고, 농구, 아이스하키와 같이 경기장이 작고 실내인 경우는 관중의 응원이 선수들에게 전달되는 정도가 높은 관계로 홈팀의 승률이 약 62%로 더 높다고 한다. 밀폐된 공간에서 증폭되어 전달되는 응원이 더욱 효과적이라는 의미이다.

열정은 전염된다. 우리의 열정이 서로에게 전염되도록 즐겁고 활기찬 삶을 살자.

세상의 세 가지 금

세상엔 세 가지의 금이 있다.
우선, 경제의 금, 황금.
다음은 음식의 금, 소금.
마지막으로 시간에도 금이 있다.
시간의 금은 지금이다. 영어 단어인 present는
지금, 현재라는 뜻과 함께 선물이라는 뜻이다.

그래서 톨스토이는 세 가지 질문을 던졌다.
첫째, 세상에서 가장 소중한 시간은 언제인가?
둘째, 세상에서 가장 소중한 사람은 누구인가?
셋째, 세상에서 가장 소중한 일은 무엇인가?

이 세상에서 가장 소중한 시간은 지금 현재이고,

이 세상에서 가장 소중한 사람은 지금 나와 같이 있는 사람,

이 세상에서 가장 소중한 일은

지금 내 곁에 있는 사람에게 선을 행하는 일이라 했다.

결국, 지금 현재에 최선을 다하라는 얘기다.

지금 현재를 낭비한다는 것은 자신의 삶을 좀먹는 행위이다.

나의 하늘은 나에게만 존재한다

사람은 누구나 자신만의 하늘을 가진다.
밝은 하늘, 어두운 하늘.
맑은 하늘, 구름이 가득한 하늘.
비 오는 하늘, 눈 오는 하늘.

나의 하늘은
나에게만 존재한다.
그래서 누구나
들리는 대로 듣는 게 아니라 듣고 싶은 것만 듣고,
보이는 대로 보는 게 아니라 보고 싶은 것만 본다.

누구나 자기만큼밖에
남을 이해하지 못하는 것이다
모든 걸 이해하는 듯 굴지도 말고,
모든 걸 무시하듯이 살지도 마라.

같은 방향에서 같은 눈높이로

동지란 목적이나 뜻이 서로 같은 사람을 말한다. 동료를 넘어 동지가 되려면 서로의 눈높이는 물론 보는 방향도 맞추어야 한다. 전장에서도 하나의 목적물을 마주 보고 쏘게 되면, 전우가 전우를 사살할 수도 있다.

함께하는 사람들이라면 같은 곳을 같은 방향에서 같은 눈높이로 바라봐야 한다.

함께하는 사람과 똑같은 걸 보는 것도 중요하지만
같은 시각을 가지는 건 더 중요하다.
함께하는 사람과 사사건건 부닥친다면
정말 힘든 일이다.

시각을 맞춰라,
다름을 인정하고 맞출 수만 있다면
서로가 맞추며 살면 된다.

하지만 끝끝내
같은 시각을 가질 수 없다면
아쉽더라도 돌아서라.
그게 서로를 위한 길이다.
사랑은 마주 보는 것이 아니라
같은 곳을 나란히 바라보는 것이라 한다.

협상을 하려면 1대1로 얘기하라

나와 함께 하는 사람이 나와 많이 다르다면, 그 사람과 돌아서거나 서로의 노력으로 맞추어 갈 수도 있다. 이 과정은 별다른 대화나 행동 없이 자연스레 맞추어 갈 수도 있지만, 대개 적극적인 의지로 맞추어가야 한다.

만약 이견의 조율을 위해 대화가 필요하고, 뭔가 구체적인 행동이 필요하다면, 조용히 단둘이 얘기하며 풀어가라. 부부라 해도 서로의 이견을 자녀가 보는 앞에서 노출하는 건 바람직하지 않다. 이견을 조정해가는 과정을 보여 줄 필요가 있다고? 굳이 안 보여줘도 다 안다. 생각보다 자녀들은 눈치가 빠르다.

학교나 직장에서 친구나 동료, 상사나 부하 직원과의 이견 조율도 마찬가지다. 부부싸움은 칼로 물 베기지만, 서로 부부도 아닌 사람들끼리의 싸움은 많은 상흔을 남긴다.

다른 사람들이 보는 곳에서의 이견 조율은 의도와 무관하게 적대적인 상황으로 연출되고, 조정의 과정이 아닌 이기고 지는 싸움으로 흘러가 버릴 수 있다. 단둘만의 얘기일 땐 충분한 대화로 조율될 내용이 도무지 받아들일 수 없는 얘기로 돌변하기도 하는 것이다.

특히 윗사람의 입장에서는 이견조율이 아닌 도전, 심지어는 단체행동 으로까지 인식될 수도 있다.

나의 동료나 친구들, 상사나 아랫사람들
살다 보면 그들과 이견이 생겨난다.
그들과 싸워서 이기고 싶은가? 아니면 필요한 조율을 하고 싶은가?

누군가와 싸워서 얻을 건 없다.
괜한 반목과 불필요한 악감정만 부를 뿐.

조율은 조용히 해라.
어차피 조율이 필요하다는 건 화음이 안 맞는다는 것인데,
굳이 요란을 떨 이유란 뭔가?

깨진 그릇은 다시 붙여도 흔적이 남는다

인간관계의 핵심은 신뢰다.
신뢰가 빠진 인간관계는 그냥 남남일 뿐.

신뢰는 쌓는 것도 중요하지만
무너뜨리지 않는 것은 더 중요하다.
신뢰가 무너진다면 그간의 모든 노력이 물거품이 된다.

신뢰는 회복도 어렵거니와
설령 회복한다 해도
그 속성이 그릇 같아
깨어진 흔적이 남게 되는 것이다.

사랑한다는 말보다는
행복하다는 말을 해주고 싶다

사랑한다는 말보다는 행복하다는 말을 해주고 싶다.
이렇게 살아가는 내 모습이 행복하다고
너희도 언젠가 어른이 되어
얼마든지 행복한 삶을 살 수 있다고.

성공해야만 행복한 사람도 있지만
성공하지 못해도
사랑하는 가족만으로도
행복한 사람이 많다는 걸 알게 하고 싶다.

너희를 사랑하는 모습만큼,
행복하게 사는 모습을 보이고 싶다.
그 언젠가 너희만의 행복을 위해.

앞모습보다
뒷모습이 더 중요하다

사람은 앞모습보다
뒷모습이 더 중요하다.
화장실에서마저도
아름다운 사람은 떠난 자리도 아름답다 하지 않는가?

첫인상은 바로 잡을 기회가 있지만
떠난 자리는 그 어떤 변명도 불가하다.
너에 대한 영원한 인상은
첫 만남이 아니라
마지막 만남에서 결정된다.

누구를 만나든
오늘이 마지막일 수 있다는 생각으로
깔끔하고 좋은 인상을 남기며 살아라.

인사人事는 사람의 일이다

인사는 원시시대부터 이어온 친애, 우호의 표시이다. 원시시대엔 서로 상대를 처음 볼 때 서로가 위험을 확인하려 들었고, 적대적이지 않다는 신호를 주기 위해 서로 인사를 했다. 이런 신호의 방법으로 무기를 갖고 있지 않다는 걸 알리기 위해 손을 올리거나(거수경례), 앞으로 내밀기도(악수) 했고, 존경과 복종의 의미로 허리를 굽혔다.

인사란 사람 인人 자와 일 사事 자, 즉 사람이 하는 일이다. 인사는 모든 인간예절의 기틀로 사람들 사이의 단절을 막고 우호적인 관계를 만들어, 서로 간의 연대를 강화하는 구실을 한다.

인사란 무엇인가?
그냥 사람의 일이다.
사람이 사람을 만나면
자연스럽게, 너무도 당연하게
해야 하는 게 인사다.

살면서 돈을 쓰며

좋은 일을 할 수도 있지만

인사는 돈 한 푼 들이지 않고

다른 이의 기분을 올려줄 수도 있고,

바닥으로 팽개쳐버릴 수도 있다.

항상 밝고 맑게 인사하라.

그 속에서 진짜 밝고 맑은 네 모습을 완성하는 것이다.

힘들수록 밝은 곳으로 나와야 한다

사람들은 힘들면 숨어드는 경향이 있다.
하지만 어둠 속에서 힘든 시간을 벗어날 순 없다.
힘들수록 밝은 곳으로 나와야 한다.
그래야 힘든 상황을 벗어나는 에너지를 얻게 된다.

힘들수록 마음을 드러내라.
숨겨진 마음에 주위도 힘들어질 뿐이다.
드러내는 와중에 치유도 되고,
혼자로선 어쩔 수 없는 상황이라면
주위의 도움도 받을 수 있다.

너를 진정 아끼는 사람이라면
힘들어 움츠러든 모습보다는
손을 내밀어 도움을 청하는 너를
더욱 반기게 될 거다.

힘들 때일수록 툭 터놓고 얘기하라

힘들 때일수록 움츠러들지 말고
문제가 생길수록 피하지 말고
툭 터놓고 얘기하라.

그럼 편해지느냐고?
그럼 답을 찾게 되냐고?
전혀 그렇진 않다.

하지만
힘든 것도, 문제도
사실은 아무것도 아니란 걸 깨닫게 된다.
주어진 상황을 해결할 순 없으나,
그 상황을 극복하는 힘을 얻게 되는 것이다.

인간적으로 욕먹고 살진 마라

살다 보면 오해를 살 일도 많고
욕먹을 일도 많다.
하지만 인간적으로 욕먹고 살진 마라.
인간적으로 싫다는 얘기,
인간이 싫다는 얘기는 듣지 마라.

인간적으로 욕먹는 경우는 크게 두 가지더라.
하나는 도드라진 욕심으로 욕먹는 경우요,
또 하나는 회피하는 모습으로 욕먹는 경우이다.

돈 되는 일, 좋은 일은
"전부, 내 거야."라는 욕심.
힘 드는 일, 책임질 일은
"전부, 내 거 아냐."라는 회피.

잘난 사람이 자신을
낮추면 존경을 받는다

뛰어나면 뛰어날수록 자신을 낮춰라.

벼 이삭도 익을수록 고개를 숙인다.

잘난 사람이 잘난 척하면 시기, 질투를 받지만,

잘난 사람이 자신을 낮추면 존경을 받는다.

자신을 낮추고 살면

남들이 몰라주지 않을까?

혹여 업신여기지는 않을까?

전혀 쓸데없는 걱정이다.

낭중지추囊中之錐라 하였다.

송곳은 주머니에 넣어도

뚫고 삐져나오듯이

뛰어난 재주나 자신만의 강점은

어떻게든 드러나 알려지게 된다.

이별의 상처에도 딱지는 앉는다

살다 보면 소중한 사람을 보내야만 하는
정말 미칠 듯한 시간도 온다.
내 마음과 상관없이 보내야만 한다면…
차라리 죽는 게 낫다 싶으면…
그래도 살아라.

아무리 시간 흘러도 그 상처가 낫지는 않더라.
하지만 상처에 딱지가 앉더라.

사랑이란 이름의 상처는
몸에 남는 상처보다 더 큰 상처를 남기지만
덮인 딱지를 굳이 떼어 내지 않는다면,
그도 그런대로 살만하더라.

어떻게 그럴 수 있느냐고?

엄마 없는 하늘 아래도 자식은 살아가고,

자식이 죽어도 부모는 살아간다.

왜?

그게 죽어야 할 이유는 아니니까.

단정 짓지 마라, 모든 건 상대적이다

　살아가면서 주의해야 할 것 중 하나가, 단정 짓는 버릇이며, 이로 인해 자주 표현되는 말이 '절대'이다. 하지만 세상에 '절대'란 없다고 봐도 무방하다. 사람이든 상황이든 모든 건 상대적이다.

　'절대'라는 말이 무능력을 낳고, 불가능을 만든다. 모든 걸 상대적이라 인식한다면, 지금 안 되는 일도 어떻게든 해낼 수 있다. 지금의 사람과 지금의 상황에서 안 되는 것이기에 사람이나 상황이 바뀌면 얼마든지 해낼 수 있다. 세상의 많은 발명품이 절대 안 된다고 봤던 것들이다. 누가 하늘을 날 수 있다 생각했을까? 누가 달까지, 아니 우주를 날아다닐 수 있다 생각했을까? 하지만 누군가는 그런 상상을 하고, 그를 현실화시켜 온 것이다.

　상상할 수 있는 건 실현할 수 있다. 수백 년, 수십 년 전의 상상들이 얼마나 많이 이뤄지고 있는가? 안 된다고 단정 짓지 말라, 하지만 된다고 단정 짓지도 말라. 모든 건 상대적이다.

단정은 딱 잘라서 판단하고 결정짓는 것이다.
사람들은 살아가며 수많은 오판을 한다.
사람에 대한 오판.
상황에 대한 오판.

사람에 대한 오판은 인간관계의 단절을 부르고,
자신을 고립무원의 무인도로 몰아간다.
상황에 대한 오판은 상황을 더 악화시키고,
자신을 무능력자로 전락시켜 버린다.

모든 일이 상대적임을 인식하고
상황에 맞는 생각과 행동을 해야 한다.

감정이 아닌 감성을 공유하라

감정과 감성의 차이는 뭘까? 사전을 보면, '감정'은 어떤 현상이나 일에 대하여 일어나는 마음이나 느끼는 기분, '감성'은 자극이나 자극의 변화를 느끼는 성질이라 정의되어 있다. 어떤 차이일까? 두 말의 정의에 있는 마지막 '기분'이라는 것과 '성질'이라는 단어만큼의 차이이다.

감정은 매 순간 느껴지는 기분이다. 한마디로 순간적인 것이다. 희로애락처럼 감정은 수시로 변한다. 물론 감정의 기복이 너무 심하면 일종의 정신병으로 보이기도 한다.

감성은? 본디 성질이란 쉽게 변하는 것이 아니다. 심각한 정신질환자만 아니라면, 일관성을 가진다.

누구나 바라는 좋은 관계란,
감정이 공유되는 관계가 아니라
감성이 공유되는 관계다.

아무리 사랑하는 사람이라 해도
수시로 바뀌는 감정을 공유하기란 불가능하다.
하지만 감성은 공유할 수 있고
감성의 공유가 사랑을 지속시킨다.

같은 상황에서 같은 감성을 가지는 사람은
동질감을 느끼게 되고
내가 그 사람인 듯, 그 사람이 나인 듯
서로 함께할 수 있는 관계가 된다.
그래서 부부는 닮아가는 것이다.

사람에게 감동을 주거나, 행동시킬 때에도
감정이 아닌 감성을 터치해야 한다.
감정의 동기유발은 순간적인 것이요,
감성의 동기유발은 일관성을 가진다.

| Chapter 3 |

행복

성공은 행복의 디딤돌이요,
관계는 행복의 완성이다.

그대는 그대로

꽃이 꽃이라는 이름으로
향기로운 게 아니듯
그대는 그대로 향기롭다.

별이 별이라는 이름으로
빛나는 게 아니듯
그대는 그대로 빛난다.

삶이 삶이라는 이름으로
소중한 게 아니듯
그대는 그대로 소중하다.

살면서 실수하지 않는 사람은 없다

실수하지 않는 건 중요한 일이다. 하지만 그보다 더 중요한 건 실수를 바로 잡는 일이다. 자신의 실수를 인정할 용기가 있고, 그 실수를 바로 잡을 의지만 있다면 자연스레 실수도 줄고 실수 여부를 떠나 과감하게 도전하는 힘을 얻는다.

살면서 실수하지 않는 사람은 없다.
누구나 실수하며 성장한다.
현명한 사람은 실수하지 않는 사람이 아니라,
같은 실수를 반복하지 않으려 노력하는 사람이다.

실수도 경험이다.
살면서 경험은 힘이 된다.

힘들고 어려울 땐 자신을 안아줘라

힘들고 어려울 땐 자신을 안아줘라.
지금의 고통을 자신보다 잘 아는 사람은 없다.
양팔로 스스로를 안고
따스한 한마디만 던져도 큰 위안이 된다.

지금이 힘들고 어렵다면,
아직 살아있다는 것이요,
살기 위해 뭔가 의미 있는 일을 하고 있다는 뜻일 게다.
그 속에서 최선을 다하고,
최선을 다하는 자신을 항상 격려해라.

새로운 날

저마다 바쁜 마음에
걸어도 보고, 뛰어도 보지만
어차피 우리에게 주어진 시간은 한세상.

어떤 이는 조금 살다,
어떤 이는 좀 더 살다,
우리는 그렇게 가야 할 곳으로 간다.

주어진 시간만이라도
서로 사랑하고, 이해하며 살자.
작은 것에 행복을 느끼고,
하는 일에 보람도 느끼며.

이미 지난 시간 어쩔 수 없다지만,
남은 날들은 후회 없이 살자.
지는 낙엽 한 잎에도 사랑을 느끼며.

죽음을 향한 삶이 아닌 항상 성장하는 삶.
언젠가 내 주변 모든 이가 울고 있을 때,
여유로운 마음으로 떠날 수 있는
그런 삶을 만들어 보자.

세 가지 여유

행복하기 위해선
세 가지의 여유가 있어야 한다.

첫째, 꼭 하고 싶은 것만은 할 수 있는 경제적 여유.
돈이 없어, 진정으로 하고 싶은 걸 못하는 삶은 처량하다.

둘째, 주어진 일에 최선을 다하되,
떠나고 싶을 땐 떠날 수 있는 시간적 여유.
1년 365일, 일만 해야 하는 삶은 비참하다.

셋째, 내가 살고 싶은 곳에서
내가 좋아하는 사람들과 함께할 수 있는 공간적 여유.
정말 싫은 사람과 숨쉬기조차 싫은 곳에서의 삶은 처참하다.

이 세 가지 여유가 갖춰진다면,

마음의 여유는 자신에게 달린 문제일 뿐.

마음의 여유가 곧 행복 아닐까?

좋은 습관이란 없다

좋은 습관이란 게 있는 걸까?
담배, 술, 심하면 마약처럼
나쁜 습관은 숱하게 봐왔지만,
좋은 습관이라?

좋은 습관이란 없다.
습관이란 무의식중에 배어 나오는 것이다.

나쁜 습관은 애써 없애도
어느 순간 무의식으로 나를 끌어들이지만
좋은 습관이란 한순간의 방심으로도 멀어져 버린다.

좋은 습관이란 의식적인 노력으로 유지해 가야 한다.
지금 좋은 습관이란 게 생긴 것 같다면
방심하지 말고, 의식적인 노력으로 잘 더불어 가야 한다.

속도가 아니라 방향이다

속도가 중요할까, 방향이 중요할까?

대구에서 서울로 갈 건데, 부산으로 신나게 달리고 있다면?
방향이 잘못되었다면,
빨리 가면 빨리 가는 만큼 잘못된 길로 멀리 가게 된다.
속도보다는 방향이 먼저다.
우선 정확한 방향을 잡고, 그다음 가능한 빠른 속도로 나아가야 한다.

| 참고 |

물리학적으로 볼 때, 「속도가 아닌 방향이다」는 잘못된 표현입니다. 방향과 비교하기
위한 빠르기를 나타내는 적절한 용어는 '속도'가 아닌 '속력'이어야 합니다. 물리학에
서 속도는 벡터값이기에 그 크기와 함께 방향을 가집니다. 따라서 방향을 가진 속도
를 방향과 비교한다는 것은 같은 것을 비교하는 우를 범하는 것입니다. 그럼에도 크기
만 가지는 스칼라값의 속력이 아닌 속도라는 용어를 사용한 것은, 괴테의 명언인 '인
생은 속력이 아니라 방향이다.'를 우리말로 번역하면서 속력이 아닌 속도라는 용어를
사용한 이래, 이미 관용적으로 쓰이는 표현이기에 그대로 따른 것임을 양해 바랍니다.

시간의 속도는 상대적이다

어릴 땐 나이가 드는 게 좋아, 새해엔 한꺼번에 두 살, 세 살을 올리려 떡국을 두세 그릇씩 먹기도 했었다. 하지만 언젠가부터 나이 드는 게 전혀 반갑지가 않다.

다행히 21세기는 100세 시대다. 어느 순간 70세 시대를 넘어 100세 시대가 된 것이다. 그런 만큼 나이 계산법도 달라져야 한다. 누군가는 자신의 나이에 0.7을 곱하여 그 나이처럼 살라고 했다.

아직 어리다면 또 다른 얘기겠지만, 서른이나 마흔, 쉰을 넘은 사람은 자신의 나이에 0.7을 곱하고 아직은 젊게 살기를 바라 본다.

시간의 속도도 상대성을 가진다.
괴로운 일 속의 나는, 1시간이 하루 같고,
사랑하는 사람과의 나는, 하루가 1시간 같다.

나이가 들수록 시간의 속도도 빨라진다.
옛날 직장상사께서 시간의 속도는 나이의 두 배라 했다.
그때의 난 이해를 못 했으나, 이젠 이해가 된다.

내 나이의 두 배면 고속도로 외에는 달릴 길이 없지만,
0.7을 곱하니, 아직 국도를 달릴 수는 있다.
이 얼마나 다행인가?
하지만 시내를 드라이브하는 기쁨은 사라져버렸다.
그동안 나도 모르는 새 가속페달을 밟았나 보다.
언젠간 어딜 달리든 과속이 되어버려
달리는 것에서 한눈조차 팔 수 없게 되겠지?

아직 여유로운 속도라면,
많은 것들을 보고 느끼며 행복한 삶을 즐겨라.

난 살아서 행복하다

완전한 삶은 없다.
살아가는 저마다의 삶이
하나하나의 작품일 뿐.

내가 이 세상을 다녀간 흔적을 남길 수는 없겠지만,
함께했던 사람들,
함께하는 사람들,
함께할 사람들이 있어,
그 언젠가 조용히 스러진대도,
난 살아서 행복하다.

무언가를 시작하는 데 있어,
늦은 때란 없다

비워진 술잔을 다시 채우는 것처럼
나 자신을 다시 채워간다는 건
참으로 감사한 일이다.

잃었던 제 모습을 찾아가는 달처럼
나 자신을 다시 만들어 간다는 건
더없이 행복한 일이다.

아무리 실패한 인생이라도
아무리 나이 든 사람이라도
무언가를 시작하는 데 있어 늦은 때란 없다.

어렵고 힘든 일

쉽고 편한 일 중에 경제적 수입은 물론
가치 있고 보람 있는 일이 얼마나 될까?
다 큰 어른이 더하기, 빼기 문제를 풀고 기뻐할 것인가?
젊은 패기에 천 리 길이 멀다고 주저앉아 있을 것인가?

남들이 해내지 못하는 어려운 일로
자신의 가치를 높이고,
남들이 피하는 힘든 일 속에서
보람을 찾아보라.

세상은 부정적인 사람보다는
긍정적인 사람이 더 행복한 곳이다

건강이 좋지 않은가?
좋지 않은 건강은 안타까운 일이지만
그래도 긍정적으로 생각하라.

만약 당신의 건강이 좋다면
당신은 쓸데없는 일로 시간을 채우며
소중한 시간을 허투루 보내는
무의미한 사람일지도 모른다.

어떻든 세상은
부정적인 사람보다는
긍정적인 사람이 더 행복한 곳이다.

기본에 충실하라

집을 그릴 땐 대부분 지붕부터 그린다.
집을 짓는다면 지붕부터 만들까?
지붕 공사가 중요한가? 기초공사가 중요한가?
삶에서 그 무엇보다 우선은 기본적인 것들이다.

기본이 부실한 것을 빗대어 사상누각沙上樓閣이라 한다.
기본이 부실한 건물은 반드시 무너지고,
기본이 되어있지 않은 사람은 결국 넘어진다.

기본이 튼실한 사람은 넘어지지 않는다.
기본이 된 사람일수록 유연성을 가져
바람에 꺾이지도 않는다.

나 자신의 가치를 높이는 가장 빠른 방법도
기본을 다잡고, 한 층, 한 층 쌓아가는 것이다.

삼풍백화점 붕괴 사고를 아는가? 서울 강남에 있던 삼풍백화점이 1995년 붕괴한 원인은 부실공사와 불법 증축이 결정적인 원인이었다. 5층 건물 하나가 내려앉아 무려 502명이라는 사망자가 발생한, 6·25 이후 최대 참사였다.

5층짜리 삼풍백화점도 무너지는데 수십 층짜리 건물들이 어떻게 괜찮을까? 그건 기초의 차이다. 삼풍백화점은 원래 3층 건물이었는데, 2개 층을 불법 증축했다. 애초에 5층, 10층 건물을 기준으로 기초공사했더라면…; 그렇게 내려앉는 일은 없었을 것이다.

뿌리가 다르면 줄기가 다르고, 줄기가 다르면 가지가 다르다.

-속담

생존이냐, 생활이냐?

삶이란
생존이 아닌, 생활이다.

'생존'의 사전적 의미는,
국어사전: 살아남음, 살아있음.
한자어生存: 생명을 유지하고 있음.
영어(survival): 살아남음.

'생활'의 사전적 의미는,
국어사전: 일정한 환경에서 활동하며 살아감.
한자사전生活: 살아서 활동함.
영어사전(life): 삶, 생활.

생존이란 죽지 않고 단순히 살아서 존재한다는 동물적인 수명의 문제일 뿐이다. 반면에 생활은 살아서 움직인다는 말처럼 사람다운 삶, 인간관계의 삶이 유지되어야 한다.

안타까운 얘기지만, 누가 식물인간을 생활하는 사람이라 말하겠는가? 자신의 적극적인 의지로 살아 움직이지 못한다면, 벤자민 프랭클린의 말처럼 "어떤 사람들은 이미 25세에 죽어버리는데, 장례식은 75세에 치른다."는 말과 다를 바가 무엇일까?

이미 죽은 사람처럼 살지 마라. 생존에만 매달리기엔 남은 시간이 너무도 많다. 우리의 장례식은 아직 멀었다.

우리가 할 수 있는 건
자유가 아니라 자율이다.

결국, 자유란 우리가 무언가를 하는 것이 아니라
하나의 상태일 뿐이다.

자유란 단지 우리에게 주어지는 상태이며,
우리가 할 수 있는 건 자율이다.

자율이란,
자신을 통제하면서
스스로 선택하고 행동하여,
그로 인한 결과에 대해 책임지는 것이다.

| 국어사전 |

자유自由 외부적인 구속이나 무엇에 얽매이지 아니하고 자기 마음대로 할 수 있는 상태.

자율自律 남의 지배나 구속을 받지 아니하고 자기 자신의 원칙에 따라 어떤 일을 하는
　　　　 일. 또는 자기 스스로 자신을 통제하여 절제하는 일.

자신의 선택과 행동에 책임질 사람은
자기 자신뿐이다

책임 있는 사람은
자신의 책임을 남에게 떠넘기지 않는다.
무엇이든 스스로 결정하고,
그 결정에 따른 실천을 하며,
그 실천에 대한 결과를 받아들여야 한다.

책임 있는 사람은
자신이 한 것 이상을 바라지 않는다.
그 누구로부터도 덕을 보겠다는 생각을 버려라.
남이 주는 덕이란 또 하나의 빚이다.
살면서 빚 무서운 줄 모르면 패가망신하게 된다.

자신의 선택과 행동에 책임져야 할 사람은 자기 자신뿐이다.

놓아야 잡을 수 있고,
비워야 채울 수 있다

원숭이를 어떻게 잡는지 아는가?

코코넛 껍데기에 원숭이의 손이 들어갈 만한 구멍을 뚫어서 속을 모두 긁어낸 다음, 그 속에 볶은 땅콩을 넣는다. 볶은 땅콩의 냄새는 원숭이를 유인하고, 이 코코넛을 발견한 원숭이는 냉큼 다가와 구멍 속으로 손을 들이밀어 땅콩을 집는다.

그때 숨어있던 사냥꾼이 다가가면, 원숭이는 땅콩을 잔뜩 쥔 손을 빼내지 못해 잡히고 마는 것이다. 손을 빼내 나무를 타고 도망가면 되지만, 손안의 땅콩을 포기하지 못해 도망을 갈 수 없다. 결국, 원숭이는 한 움큼의 땅콩에 자기의 삶을 잃고 만다.

우리의 삶도 이와 마찬가지다.

무언가 새로운 것을 이루고 싶은가?
지금 가진 것을 손에서 놓아라.
놓아야 잡을 수 있다.

더 크고 멋진 삶을 이루고 싶은가?

지금 가진 것을 비워라.

비워야 채울 수 있다.

똑같은 걸 보고도
무얼 얻느냐는 다르다

똑같은 걸 보고도 무얼 얻느냐는 다르다.
한 교실에서 똑같은 선생님에게 똑같이 배워도
일등부터 꼴등까지 나뉘게 된다.

좋은 선생이 먼저인가,
좋은 학생이 먼저인가?
아무리 말을 물가에 데려다 놔도
억지로 물을 먹일 수는 없다.

좋은 선생님을 바라기 전에
먼저 좋은 학생이 되라.

언젠가는 멈춰야 한다

자동차에서
중요한 건 뭔가?
디자인인가, 성능인가?

눈을 뗄 수 없는 멋진 디자인에
아무리 성능이 뛰어난 자동차라 해도
세상의 그 어떤 차든
멈출 수 없다면, 달려서는 안 된다.

우리 삶도 마냥 달릴 수만은 없다.
학교는 졸업이 있고,
회사에는 퇴사가 있으며,
나이 들어서의 은퇴와 그 언젠가는 죽음도 있다.
그 무엇이든 언젠가는 멈춰야 한다는 것이다.
자의든 타의든 멈추는 순간이 올 때
후회 남지 않도록 최선을 다해라.

살면서 해야 할 네 가지 관리

첫째, 시간관리.
우리에게 주어진 시간은 무한이 아니다.
시간을 낭비하는 건 인생을 낭비하는 짓이다.
자기에게 주어진 시간을 금쪽같이 아껴 써라.

둘째, 건강관리.
세상을 다 얻어도, 나를 잃으면 끝이다.
세상은 내가 존재함으로 의미를 가지는 것이다.
자신의 건강을 항상 돌보고 챙겨라.

셋째, 재능관리.
누구나 타고난 재능을 갖고 있다.
타고난 재능을 다듬는 건 물론이요,
항상 배우고 익혀 새로운 걸 알게 하라.

넷째, 금전관리.

살면서 지갑이 무거울 필요는 없지만,

지갑의 가벼움은 존재의 가벼움이 된다.

잘 벌려고 애쓰는 만큼, 잘 쓰려고 애써라.

버는 자랑 말고, 쓰는 자랑 하랬다.

- 속담

갖고 싶은 것을 사지 마라. 꼭 필요한 것만 사라.

작은 지출을 삼가라. 작은 구멍이 거대한 배를 침몰시킬 것이다.

- 벤자민 프랭클린

나날이 성장하는 삶

변화란 무엇인가?

옛것 중 나쁜 것은 버리고,
좋은 것은 더욱 다듬는 것이며
새로운 것을 받아들여
자신의 것으로 만들어 가는 과정이다.

우리 삶이 나날이 죽어가는 삶이 아니려면
나날이 성장하는 삶이 되어야 한다.

우리가 언제 생을 마감하든
그전까지는 변화하며, 성장하는 삶을 살자.

때론 쉬어가라

IMF 시절, 전 국민에게 큰 힘을 주었던 골프여왕 박세리는 철저한 자기관리와 연습벌레로 유명하다.

그녀는 영원한 스승인 부친 박준철 씨에게
"왜 다른 건 다 가르쳐 놓고, 맘 놓고 쉬는 법은 가르쳐주지 않았느냐?"고 푸념하고,
그녀의 부친도 "솔직히 내가 그런 건 못 가르쳤어."라고 인정을 했다.

땀 흘리며 열심히 살아가는 것도 중요하지만
아무 생각 없이 쉬어가는 게 더 중요할 때도 있다.
지금이 정말 힘들고 지친다면
모든 걸 내려놓고 잠시 쉬었다 가라.

삶의 사명감

사명감이 왜 중요한가?
사명감이란 책임감이며, 주어진 일을 해내는 마음가짐이다.

사명감이 있어야
최후의 순간까지 자신의 책임을 다하게 된다.
사명감이 없으면
아무리 뛰어난 군대도 위기의 순간에 진지를 이탈한다.

삶에도 사명감이 필요하다.
아무리 힘들어도 살아남아야 한다는 마음.
어떻게든 열심히 살아야 한다는 마음.

누구나 힘든 시기가 있다.
힘든 시기를 이겨내고 열심히 살아가는
그 자체가 대견한 것이다.
자신을 격려하고 독려하며, 때론 힘들어도 묵묵히 살아가라.

세상에 공짜는 없다

이제껏 살면서 배운 것 하나,
세상엔 정말 공짜란 없다.

뭐든지 쉽게 얻으려 하지 말고,
힘들어도 자신의 능력과 노력으로 쟁취해 가야 한다.

누구에게나 소중한 것들이 있을 것이다.
가족이든, 친구든, 애인이든
소중한 것들은 그 소중한 만큼의 대가를 요구한다.
그 소중한 것들을 지키기 위해서는
금전적인 대가는 물론, 시간적인 대가도
아낌없이 치러야만 하는 것이다.

지금 무엇이 소중한가?
그만큼의 대가를 치러야 한다.

위하여 삶을 살자

세상이 마냥 쉬운 건 아니다.
그래도 우리는 다들 열심히 살아가고 있다.

우리는 무언가를 하면서
'때문에' 할 수도 있고,
'위하여' 할 수도 있다.

가족들 때문에 할 것인가?
가족들을 위하여 할 것인가?

'때문에' 한다는 건 소극적이고 서글프다.
이왕이면 '위하여' 하자.
긍정적이고 적극적인 느낌 아닌가?
무슨 일이든, 위하여 삶을 살아가자.

최선을 다하되, 여유를 가져라

우리는 최상, 최고를 찾아 사는 것 같다.

하지만 최상, 최고는 너무 많은 걸 요구한다.

그 무엇이든 결국 하나만이 최상이요,

한 사람만이 최고가 될 거 아닌가?

자신을 너무 힘들게 몰아붙이며 자학하는 것 같다.

그냥

자신에게 맞는 최적을 찾아

항상

최선을 다하는 모습이면 그걸로 충분하다.

내일이 없는 듯이 쫓기며 살지 말고,

최선을 다하되, 여유는 가졌으면 한다.

길게, 크게 보라

내일 비가 올까, 안 올까?
사실 알 수가 없다. 기상청에서 예보하지만, 그건 또 하나의 확률일 뿐.
확률이란 언제나 반대의 확률도 상존한다.

그럼, 봄이 지나면 여름이 올까, 안 올까?
우린 봄이 지나, 여름, 가을, 겨울이 오리란 건 확신한다.
그 확신의 이유는 뭘까?
세상 무엇이든 길게 보고, 크게 본다면
뚜렷한 방향성이 보이며, 이를 통해 확신할 수 있다.

우린 너무 앞만 보느라 큰 그림을 놓쳐버리고,
작은 것들만 보느라 정작 큰 걸 잃어버리는
소탐대실의 우를 자주 범한다.
잃더라도 작은 걸 잃어야 한다.

길게 보는 습관, 크게 보는 습관을 익혀야 할 것이다.

불행한 인생의 4대 유형

우리네 인생을 불행하게 만드는 대표적인 4대 유형이 있다.

첫째, 조실부모.

어려서 부모를 잃는다는 것은

두말할 필요 없는 최악의 불행이다.

둘째, 청년성공.

청년 시절의 섣부른 성공은 자만과 과욕을 낳아

결국은 불행한 삶으로 연결될 가능성이 크다.

셋째, 중년상처.

중년의 나이에 배우자를 잃는 것은,

남겨진 가족에겐 상상조차 싫은 불행이 될 것이다.

넷째, 노년무전.

젊어서 돈이 없다면 열심히 일해 돈을 벌고, 모으면 된다.

젊어 고생은 사서도 한다 하지 않는가?

그럼, 늙어서의 고생은? 그건 단지 추한 모습일 뿐이다.

사실 세 번째까지는 본인의 의사와는 상관없는 불행이다.

젊어서의 성공도, 일부러 실패하며 살 수는 없지 않은가?

하지만 마지막 네 번째는 어디까지나 본인에게 달린 문제다.

미리 준비하라. 뭐든지 준비하는 만큼 성과를 만들 수 있다.

가난하게 태어난 것은 당신의 잘못이 아니지만,

가난하게 죽는 것은 당신의 책임이다.

- 빌 게이츠

피할 수 없다면 받아들여라

일을 통해 보는 두 가지의 삶이 있다.
하고 싶은 일을 하며 살아가는 삶,
하기 싫은 일은 하지 않으며 살아가는 삶.

어떤 삶을 살고 싶은가?
아쉬운 건, 자기 뜻대로만 돌아가는 세상은 아니라는 것이다.
때론 하고 싶은 일을 못 할 수도 있고,
하기 싫은 일을 해야만 할 때도 있다.

피할 수 없다면 받아들여라.
그냥 지금 하는 일을 즐겁게 웃으며 해라.
인상 쓴다고, 해야 할 일을 안 할 수 있는 건 아니다.
이왕 하는 일이라면 제대로 된 방향, 제대로 된 방법으로,
하는 만큼은 성취하며 살아갈 수 있기를 바랄 뿐이다.

선택의 행복

사람은 항상 선택의 갈림길에 선다.
누구나 하나의 길을 택해야만 하고,
가지 못한 길을 아쉬워한다.
물론 가지 못한 길이 반드시 성공을 보장하는 것도,
장밋빛 탄탄대로도 아니지만
왠지 모를 막연한 아쉬움을 느끼는 것이다.

누구나 새로운 길을 택할 때면,
지금까지의 길에 많은 아쉬움을 가진다.
하지만 주사위는 던져지고
우리가 멈추지 않는 한, 주사위는 돌아간다.

어떻든 선택할 수 있다는 건 행복한 것이다.
자신감과 열정으로 자신의 길을 선택해 가라.
그리고 주사위가 돌고 있는 한, 최선을 다하라.

학습은 성장이다

아는 것보다 하는 것이 중요하다.
아는 것이 힘이 아니라, 하는 것이 힘이다.

하지만 행동하기 위해서는 알아야 한다.
지금 당장 하라는 말은 미루지 말라는 말이지,
생각 없이 하라는 말은 아니다.
아무것도 모르는 무지 상태에서의 행동은
돌이킬 수 없는 결과를 낳기도 한다.

아무것도 모르거나, 아무것도 보이지 않을 땐,
차라리 조금 기다려라.
조금 늦다고 세상이 끝나는 건 아니다.

행동하기 위해서, 항상 눈을 뜨고, 귀를 치켜세워라.
그리고 계속 공부해라.
학습은 성장이다.

긍정적으로 바라보면
해결 과정이 성장의 계기가 된다

똑같은 걸 본다고 다 같을까?
똑같은 종이컵을 봐도
둥근 원을 보는 사람이 있고
위가 넓은 사다리꼴을 보는 사람도 있다.

똑같은 문제라도 관점에 따라서 풀이는 달라진다.
부정적으로 바라보면 해결 과정이 너무 힘들고,
긍정적으로 바라보면 해결 과정이 성장의 계기가 될 것이다.

어떤 경우든 한탄하며 앉아 있지 말고
좀 더 긍정적으로, 적극적으로 풀어나가라.
그러나 풀다 풀다 안되면
그냥 과감히 덮어 버려라.
세상엔 답이 있는 문제만큼
답이 없는 문제도 많다.
그런 문제는 시간에 맡겨라.

불안하기 싫으면,
불편을 감수하라

불안과 불편의 차이가 뭘까?
불안은 안전의 문제이고, 불편은 편리함의 문제이다.

불안한 삶이 나을까, 불편한 삶이 나을까?
우리는 불편한 건 참을 수 있어도, 불안은 견디기 어렵다.

학생은 공부를 안 하면 불안하고,
직장인도 일을 안 하면 불안하다.

불안을 이기는 방법은 뭘까?
불편을 감수하는 것이다.

놀고 싶은 마음을 억누르고 공부하는 시간은 불편하다.
쉬고 싶은 마음을 억누르고 일하는 시간은 불편하다.
하지만 불편한 만큼 불안은 사라진다.

희망이란 존재 자체만으로 이루어지는 환상이 아니다

중국의 작가 루쉰이 말하길,
"희망이란, 본래 있다고도 할 수 없고 없다고도 할 수 없다.
그것은 땅 위의 길과 같다.
본래 땅 위에 길이 없었다.
걸어가는 사람이 많아지면 그것이 곧 길이 되는 것이다."

희망이란
있다고 믿는 사람에겐 있는 것이고,
없다고 생각하는 사람에겐 없는 것이다.
희망이란, 간절한 마음으로
무언가를 꿈꾸는 사람에게 주어지는
또 하나의 선물과 같은 것이다.

하지만 희망이란 존재 자체만으로 이루어지는 것은 아니다.
희망을 향한 간절한 마음과 굳은 의지,
끝없는 행동으로 현실화되는 것이다.

재료 없이 맛을 낼 수는 없다

아무리 솜씨 좋은 요리사도 재료 없이 맛을 낼 순 없다.
요리하기 위해선 재료가 있어야 하듯이
우리도 꿈을 이루기 위해선 오늘이 있어야 한다.
계속되는 오늘들을 묶어 삶도 나름의 맛을 내는 법이다.

요리사는 하나하나의 재료마다 그 특성을 살려낸다.
우리도 하루하루마다 오늘을 살려야 한다.

요리사는 없는 재료를 탓하지 말아야 하고,
우리는 없는 어제와 내일을 탓해서는 안 된다.

어제, 오늘, 내일 중
우리가 마음대로 할 수 있는 시간은 오늘뿐이다.
우리에게 주어진 오늘들을 잘 버무려서
멋진 삶, 행복한 삶을 만들어 가자.

내가 할 수 있는 일인가?
할 수 있는 일에 집중하라

사람들은 간혹 자신의 힘으로 어쩔 수 없는 일에
지나치게 매이곤 한다.
그래서 얻는 건 뭘까?
얻는 건 있다, '어쩔 수 없네.'라는 결론.

일이 생기거든 먼저 생각하라.
내가 할 수 있는 일인가?
내가 해야 하는 일인가?
올바른 일인가?
그렇다면 해라, 결과는 그다음의 문제다.

어떻든 할 수 있는 일에 집중하라.

자신을 이겨라

잘하고 싶다?
비교 대상은 남인가, 나인가?
남을 이기려 애쓰지 말고
자신을 이기려 최선을 다하라.

남이 아닌
자기 자신을 이기는 사회는
모두가 이길 수 있는 사회다.

나만 이기는 사회보다는
다 같이 이기는 사회가 훨씬 살 만한 세상이고,
나 자신도 행복하게 하는 세상일 것이다.
모두가 성공하고 행복한 세상에서
매일매일 나아지는 자신은 더없는 행복이지 않을까?

새로운 도전에는 새로운 길이 열린다

하나의 도전이 성공으로 끝난다고
남은 삶이 행복한 것은 아니고,
하나의 도전이 실패로 끝난다고
남은 삶이 불행한 것도 아니다.

하나하나의 성공과 실패는
그냥 하나하나의 쉼표일 뿐
결코, 마침표일 순 없다.

지금의 도전이 성공이든 실패든
잠시 쉬어 갈 뿐이다.

운동화 끈을 다시 매어라.
새로운 도전에는 새로운 길이 열린다.

우리가 가진 시간은 지금뿐이다

어제, 오늘, 내일 중 가장 사랑하는 시간은?

어떤 이는 화려했던 과거를 사랑하고,

어떤 이는 꿈으로 가득한 미래를 사랑한다.

당신은 어떠한가?

아무리 화려했다 한들 과거는 죽은 시간이요,

그 어떤 꿈으로 부푼들 미래는 오지 않은 시간이다.

우린 죽은 시간에 무엇을 할 수도,

오지 않은 시간에 무언가를 할 수도 없다.

오로지 우리가 가진 시간은 지금뿐이다.

지금 이 시간이 아무리 괴롭고 힘들지라도

더 없는 마음으로 애정을 표하고, 할 수 있는 모든 걸 다해야 한다.

오늘을 놓치면 지금의 오늘은 다시 오지 않는다.

그래서 오늘 할 일을 내일로 미루지 말라고 하는 것이다.

생각의 차이가 결과의 차이를 만든다

생각의 차이가 결과의 차이를 만든다.
과연 생각이 결과를 만들까?

사실 생각만으로 결과가 만들어질 수는 없다.
하지만 모든 결과의 시작은 생각이다.

원하는 게 있다면
원하는 방향으로 생각해라.

생각이 간절할수록 몸은 움직일 것이고,
움직이는 만큼 결과의 차이가 만들어진다.

마음만으로 되는 건 없어도,
생각대로 되는 건 많다

사람은 참 복잡하면서도 단순한 동물이다. 대개 생각만으로도 엄청난 차이를 만들어낸다. 사실이 아닌 거짓일지라도 그를 믿으면 그대로 되는 것이다.

이미 널리 인정되는 몇 가지 생각만으로의 효과들이 있다.

플라시보 효과(Placebo Effect): '플라시보'란 말은 '마음에 들도록 한다.'는 뜻의 라틴어로, 약효가 전혀 없는 거짓 약을 진짜 약으로 가장, 환자에게 복용토록 했을 때 환자의 병세가 호전되는 효과를 말한다.

노시보 효과(Nocebo Effect): 진짜 약을 줘도 환자가 효과가 없다고 생각하면 약효가 나타나지 않은 현상을 말한다. 플라시보 효과의 정반대 현상이다.

로젠탈 효과(Rosenthal Effect): 로버트 로젠탈 교수의 실험으로 칭찬의 긍정적 효과를 말한다. 샌프란시스코의 한 학교에서 20%의 학생들을 무작위로 뽑아 교사에게 지능지수가 높은 학생들이라고 말했다. 8개월 후 명단의 학생들이 다른 학생들보다 평균 점수가 높았다. 교사의 격려가 큰 힘이 되었기 때문이다.

스티그마 효과(Stigma Effect): 낙인효과. 사회로부터 부정적인 낙인이 찍히면 행태가 나쁜 쪽으로 변해 가는 현상을 말한다. 남들이 자신을 긍정적으로 생각해 주면 그 기대에 부응하려고 노력하지만, 부정적으로 평가해 낙인을 찍게 되면 부정적인 행태를 보이게 되는 경향성을 말한다.

마음만으로 되는 건 없어도
생각대로 되는 건 많다.
그래서 긍정적인 생각을 강조하는 것이다.
로젠탈 효과를 가질 것인가, 스티그마 효과를 당할 것인가?

어떤 경우든 자신을 믿어라.
마지막 포기해야 하는 순간이 올지라도
그전까지만이라도 믿어라.

진정 자신을 믿고 최선을 다한다면
포기의 순간은 오지 않을 것이다.

세상에 필요 없는 존재는 없다

새 구두를 신으니 복숭아뼈 부위가 다 까졌다.

물집이 잡히곤 터져버리니 옅은 피까지….

굳은살이 배일 때쯤 적응이 되어 이젠 아프지 않았다.

어느 날 굳은살을 보니 제멋대로에 볼품없는 모양이 거슬린다.

이젠 적응도 되었으니 가벼운 마음으로 깔끔히 정리했다.

그런데 다시 아프다.

아… 굳은살이 있었기에 안 아팠던 거구나.

굳은살은 그 생김새와 상관없이 내겐 필요했던 거구나.

나무의 옹이도 투박한 모양에 손질까지 힘들어

옹이 없는 목재가 더 비싸다 한다.

하지만 나무가 가지를 뻗기 위해 옹이는 없어서는 안 된다.

그런가 보다.

세상엔 쓸모없는 존재란 없는가 보다.

아마도 다시 굳은살이 생길 때까진 아파야 할 거다.

아니, 아팠으면 좋겠다.

세상 모든 존재의 소중함을 다시 한 번 느끼도록.

죽고 싶은 순간이 오면

내일이 오늘보다 나을 것이라는 희망이 있다면 사람은 쓰러지지 않는
다. 더 이상의 희망이 없다고 느낄 때 좌절하고 무너지는 것이다.

하지만 요기 베라의 말처럼, 끝날 때까지는 끝난 게 아니다. 희망이란
믿는 사람에게 주어지는 선물이다. 스스로가 버리는 희망을 남이 억지
로 떠안길 수는 없다.

살면서 한 번도 죽고 싶은 순간이 없었던 사람도 있을까?
살다 보면 돈 때문에, 친구 때문에, 사랑 때문에
심지어는 가족 때문에 죽고 싶은 순간도 있다.

모든 걸 다 잃었다 싶은 좌절은 죽음을 부르곤 한다.

어린아이 적엔 부모가 모든 것이요,
학창시절엔 친구가 모든 것이며,
이성을 알면서는 사랑이 모든 것일 수 있다.
하지만 보라.

우리의 모든 것은 계속 변해왔다.
변하지 않은 우리의 모든 것은 우리 자신뿐이다.

내 마음도 영원치 않은 세상에
그 무엇인들 영원한 게 있을까?

친구들과 사이가 나빠
학교도 싫고, 사는 것조차 싫다 해도
사랑하는 사람과 이별로
차라리 죽어버릴까 싶어도
능력 없는 백수에
밥만 축내는 것 같아도
하던 사업이 망하고
더 이상의 희망은 없다고 느껴져도

기다려 봐라.

이 또한 지나간 시간이 될 터이니.

참고 참아, 다시 살아간다면

우리가 살아가야 할 이유는 반드시 생겨난다.

세상에 그 어떤 것도

우리가 삶의 줄을 놓아야 할 이유가 되진 못한다.

누구나 일등이 될 수 있다

인생은 싸워서 이겨야 하는 승패의 게임이 아니다.
누구나 원한다면 일등 인생이 되는 것이요,
또 누구나 꼴등 인생이 될 수도 있다.
그런데도 모두가 다 일등이라 자부하지 않고
모두가 다 꼴등이라 자책하지도 않는다.

인생에서의 등위는 그냥 자기의 마음이다.
내가 일등이라 생각하면 일등 인생이요,
내가 꼴등이라 생각하면 꼴등 인생이 되어버린다.
아무 의미 없는 일등이요, 꼴등 같지만
일등이라 자부하는 사람은 일등의 자부심을 가지고,
꼴등이라 자책하는 사람은 부질없는 자학만 가진다.

세상에 하나뿐인 자기만의 가치를 깨닫는다면
누구나 일등 인생, 행복한 삶을 누릴 수 있다.

현실을 직시하고, 희망을 품어라

'스톡데일 패러독스(Stockdale Paradox)'를 아는가? 역경에 처하게 됐을 때 그 현실을 외면하지 않고 정면 대응하면 살아남을 수 있지만, 조만간 일이 잘 풀릴 거라고 낙관만 하고 있으면 무너지고 만다는 '희망의 역설'을 뜻한다.

스톡데일은 베트남전쟁 때 포로수용소에 갇혔던 미군 중 최고위 장교였다. 1965년부터 73년까지 8년간 갇힌 그는 잘될 거라는 믿음을 잃지 않는 가운데 어려운 현실을 끝까지 직시하며 대비했기 때문에 견뎌낼 수 있었다. 반면에 포로 중 곧 나갈 거라고 믿었던 근거 없는 낙관주의자들은 대부분 상심을 못 이겨 죽고 말았다.

이들은 가혹한 현실을 직시하기보다는 곧 풀려나리라는 희망만 가득한 사람들이었다. 하지만 포로생활은 8년이나 이어졌고, 현실을 직시한 다른 포로들에 비해 감당하기 어려운 절망으로 다가왔다.

스톡데일은 한 인터뷰에서 다음과 같이 말했다.

"절대 양보할 수 없는 신념을 잃지 않고 버티는 것과 가혹한 현실을 직시하고 받아들이는 것은 별개인 것입니다."

분별없는 희망은 몰락을 부른다.
희망과 믿음을 가지되,
현실을 직시하고 이겨내야 한다.
지금이 어둠 속 심연深淵이라 해도
언젠가는 이 터널을 빠져나갈 것이다.
하지만 이 터널이 생각보다 길지도 모른다.

지금의 상황이 잘 판단되지 않는다면
차라리 부정적으로 판단해라.
하지만 스스로에 대해서는 긍정적이어야 한다.
상황이 부정적이라고
내가 부정적일 이유는 없다.
자신에 대한 확고한 믿음으로
부정적인 상황을 견뎌낸다면
언젠가 밝은 빛을 보게 될 것이다.

누군가의 꼭두각시로 성공하느니, 차라리 그 성공을 걷어차 버려라

삶은 행복해야 한다.

그러기 위해선 성공해야 한다.

하지만 부탁건대 휘둘리지 마라.

누군가의 꼭두각시로 성공하느니

차라리 그 성공을 걷어차 버려라.

나의 의지와 무관하게

남들의 말을 듣고, 그를 행해야 할 때도 있다.

하지만 그 순간도 나의 의지가 '이건 아니다.'라고 한다면

그냥 실패할지언정 자신의 길을 가라.

모든 걸 던져버린다고, 모든 걸 던져버린 건 아니다.

살아있는 한 얼마든지 또 다른 성공이 있다.

내게 또 다른 성공이 있을진대

왜 이 성공이 마지막인 양,

남에게 휘둘리며 성공에 목을 매야 한다는 말인가?

마음을 비우고 편안하게 하라

샌프란시스코에서 '금문교(Golden Gate Bridge)'를 건설할 때, 처음 1년 동안 무려 23명이 추락사를 당하는 일이 발생했다. 그래서 건설회사는 작업하다가 추락하더라도 목숨을 건질 수 있도록 공사장 밑에 거대한 망을 설치했다.

이 안전망으로 인해 10명이 목숨을 구할 수 있었다. 그리고 이 안전망은 뜻하지 않은 결과를 가져왔다. 공사가 예상보다 20%나 빨리 진척된 것이다. 떨어져도 목숨을 잃지 않을 것이라는 생각 때문에 인부들의 동작이 빨라지고 더불어 작업 능률도 올랐기 때문이었다.

긴장하지 않으면 실수가 생겨난다. 하지만 지나친 긴장감은 일에 방해만 될 뿐이다. 긴장과 집중은 필요하지만, 경직되어서는 안 된다. 스포츠도 경직된 동작보다는 부드러운 동작에서 더 좋은 성적이 나오듯이 대부분의 일은 힘을 빼고 편안하게 할 때 더 능률이 난다.

마음을 비우고 편안한 마음으로 해보라.

항상은 아니더라도, 대부분 좋은 결과로 이어질 것이다.

거북이는 거북이의 길을 가면 된다

동화를 보면
토끼와 거북이의 달리기 경주에서 거북이가 이긴다.
현실사회에서도 그럴까?
만약 이긴다 해도 그건 한 번에 국한될 것이다.
세상은 한 번의 승부로 결정되지 않기에
반복되는 경주에서 결국 승자는 토끼가 될 수밖에 없다.
그럼 거북이는 영원한 패자로 머물러야 하는가?
그럴 이유는 없다.
승리보다 더 중요한 것은 자신의 행복이다.
다행히도 세상은 꼭 남을 이겨야만 행복한 곳은 아니다.

거북이는 거북이의 길을 가면 된다.
느릴지라도 꾸준히 자신의 길을 간다면
누구나 자신만의 행복한 삶을 누릴 수 있다.

집중하되 집착하지 마라

집중과 집착의 차이는 뭘까?

국어사전을 보면, 집중은 '한 가지 일에 모든 힘을 쏟아 부음'이라 하고, 집착은 '어떤 것에 늘 마음이 쏠려 잊지 못하고 매달림'이라 한다.

집중은 내가 할 수 있는 일에, 내가 할 수 있는 최선을 다한다는 것이며, 집중에서 가장 중요한 것은 내 의지로 제어할 수 있다는 것이다.

반면에 집착은 할 수 있는 일의 여부를 떠나 최선을 다한다는 것인데, 끝 부분의 '잊지 못하고 매달림'에서 알 수 있듯 자신의 의지로 제어 불가능한 상태라는 것이 문제가 된다. 이러한 집착은 본인은 물론 타인에게까지 피해를 주는 하나의 병적인 현상이다.

제어할 수 없는 최선은 최선을 다하지 아니함만 못하다.

무슨 일이든 집중해서

할 수 있는 최상의 성과를 내야겠지만,

세상 그 무엇에도 매달리지는 마라.

가벼운 집착의 끝은 자기 자신에게 상처를 주는 것이며,

심한 집착의 끝은 남을 해치기까지 하는
돌이킬 수 없는 죄악을 빚기도 한다.

할 수 있는 일에 최선을 다하되,
언제든 물러날 수 있는 제어력을 갖춰야 한다.
집중하되 집착하지는 마라.

성장은 계단을
오르는 것과 같다

세상 모든 일의 진척은 계단식이다.

산을 오르듯 꾸준히 진척되어 간다면

매일매일 발전을 느끼며, 동기부여도 쉽겠지만

안타깝게도 지루한 시간을 거쳐

어느 한순간 계단식의 발전이 이루어진다.

그렇다고 그냥 시간만 보내는 건

영원히 그 자리를 맴돌 뿐이다.

전혀 나아지지 않는 상황에서도 끊임없이 노력한다면

언젠지 모르게 한 계단을 올라온 자신이 보인다.

때론 정말 긴 시간을 한 계단에서 머물러야 할 때가 있다.

하지만 그 머물렀던 시간만큼 많은 성장을 한 자신을 보게 된다.

성장의 계단은 머물렀던 시간만큼 높은 폭의 성장을 안겨 주는 것이다.

그러니 힘들고 괴롭더라도

한층 나아진 자신의 모습을 그려보며 지속해 나가라.

한 계단, 한 계단 나아가는 자신을 위해.

잘, 못, 잘못…
처음부터 제대로 배우고 익혀라

흔히 쓰는 말 중에 잘한다, 못한다, 잘못한다는 말이 있다.
이 뜻들은 뭘까?

'잘한다'의 의미는, 옳고 바르게 한다는 뜻이다.
'못한다'는 능력이 없다는 것이고,
'잘못한다'는 틀리거나 그릇되게 한다는 뜻이다.

'못한다'보다 더 경계해야 할 것이 '잘못한다'는 것이다.
못하는 건 배우고 익혀서 능력을 키우면 되지만,
잘못하는 것은 습관이 되어 고치기가 무척이나 어렵다.
집을 지을 때도 빈터에 집 짓는 것보다.
있던 집을 허물고 짓는 것이 비용이나 시간적 측면에서 손실된다.

뭐든지 처음부터 제대로 배우고 익혀,
옳고 바르게 하는 습관을 키워야 한다.
항상 새로운 것을 할 때는 제대로 배우고 익혀라.

한 번씩은 낮은 곳도 지켜봐라

미국의 심리학자 빅토리아 메드백 박사의 연구에 의하면, 올림픽에서 은메달을 딴 선수보다 동메달을 딴 선수가 더 행복하다고 한다. 사실 우리가 눈으로 봐도, 대부분의 경우 동메달을 딴 선수가 은메달을 딴 선수보다 더 행복한 표정으로 보인다.

왜일까? 절대적인 비교로 보면, 2등이 3등보다 낫다는 건 명확한 사실이다. 하지만 상대적인 비교로 보면 은메달을 딴 선수는 '조금만 더 잘했으면 금메달인데…'라는 아쉬움이 크고, 동메달을 딴 선수는 '하마터면 노메달 될 뻔했는데…'라는 안도감이 크다고 한다.

하지만 여기서 한 가지 착각해서는 안 될 사실이 어쨌든 금메달을 딴 선수가 가장 행복하다는 것이다. 상의 순서가 금-은-동인데, 행복의 순서는 금-동-은이라는 것이지, 동메달을 딴 선수가 가장 행복하다는 것은 아니다.

그러니, 금메달을 딸 수 있다면 금메달을 따라. 하지만 만약 금메달을 못 따더라도 메달을 땄다면 그것만으로도 정말 대단한 일이다. 만약 메달을 못 땄다 할지라도 그 시합을 나갈 실력이 된다는 자체만으로도 또 얼마나 대단한 것인가? 가만히 보면 우리가 만족하고 행복해할 이유는 많다.

　사실 여기서 말하고 싶은 것은, 대부분은 절대적인 비교보다는 상대적인 비교로 행복감이 결정된다는 것이다. 그러니 나의 행복을 위해서라면 높은 곳만 바라보지 말고, 한 번씩은 낮은 곳도 지켜봐라. 나 자신이 나름 괜찮다는 생각과 충분히 살아갈 만하다는 행복감이 느껴질 거다.

자존심이 아니라 자존감을 지켜라

자존심과 자존감. 비슷한 듯 그러나 다른 말이다.

국어사전을 보면, 자존심自尊心은 '남에게 굽히지 아니하고 자신의 품위를 스스로 지키는 마음', 자존감自尊感은 '자기의 품위를 스스로 지키려는 마음'이라 하였다.

여기서 같은 점은 '자기의 품위를 스스로 지키려는 마음'이고, 명백한 하나의 차이는 자존심은 '남에게 굽히지 아니하고'라는 것이다.

결국, 자존심은 남과의 관계에서 비롯된다. 남들과의 비교나 남들의 평가에 따라 자존심이 상하곤 한다. 하지만 자존감은 오롯이 자신의 것이다. 남들과의 비교가 아닌 자기 자신과의 비교, 남들의 평가가 아닌 자기 자신의 평가, 그래서 자존감은 남에 의해 흔들리지 않는다. 남들에게 인정받을 필요 없이 자신은 그 자체로 가치 있다고 스스로 여기는 마음이 자존감이다.

자존심에 신경 쓰다 보면 남들의 생각에 휘둘려 살게 된다. 남의 손에 나의 행복을 맡겨 놓은 꼴이 되는 것이다.

남이 아닌 자신의 손으로 행복을 만들려면, 자존감으로 품위를 지키고 당당하게 자기의 삶을 살아야 한다.

끝맺는 글

톨스토이의 세 가지 질문을 아시죠?

첫째, 세상에서 가장 소중한 시간은 언제인가?

둘째, 세상에서 가장 소중한 사람은 누구인가?

셋째, 세상에서 가장 소중한 일은 무엇인가?

톨스토이는, 이 세상에서 가장 소중한 시간은 지금 현재이고, 이 세상에서 가장 소중한 사람은 지금 나와 같이 있는 사람, 이 세상에서 가장 소중한 일은 지금 내 곁에 있는 사람에게 선을 행하는 일이라 했습니다.

하지만 전 이 말들에 딴죽을 걸어보고자 합니다.

첫째, 세상에서 가장 소중한 시간이 지금이라는 건 동의하고 묻어가겠습니다. 하지만 둘째와 셋째에 대한 제 생각은 좀 달라집니다.

둘째, 세상에서 가장 소중한 사람은 지금 나와 같이 있는 사람이 아니라, 바로 나 자신입니다. 내가 있으매 나와 같이 있는 사람도 존재하는 게 아닐까요? 우선은 내가 존재해야 합니다.

셋째, 세상에서 가장 소중한 일은 지금 내 곁에 있는 사람에게 선을 행하는 일이 아니라, 나 자신을 행복하게 하는 일입니다. 내 곁에 있는 사람에게 행하는 선행에 행복하지 않다면 그 사람에게 진정한 선을 행할 수 있을까요?

너무 이기적인가요?

아뇨, 아니라고 생각합니다. 자기 자신을 아끼고 사랑하는 사람만이 남을 사랑할 줄 알고, 선행을 베풀 줄도 압니다. 하지만 여기서 중요한 것은, 진정 자기 자신을 사랑한다는 것이 어떤 것인가 하는 것이겠죠.

자기 자신에 대한 사랑이 가득한 사람은, 그 사랑이 넘쳐흘러 주위 사람에게로 흐르게 됩니다. 자연스레 다른 사람을 아끼고 이해하는 사랑의 모습을 보이게 되죠.

반면에 자기 자신에 대한 사랑이 부족한 사람은 자기 자신만으로는 그 부족함을 채울 수가 없기에 남의 것을 탐내고 뺏으려 듭니다. 다른 사람을 무시하고 자기 것만 채우려는 이기적인 모습을 보이는 것이죠.

이 세상 모두가 그 무엇보다 먼저, 자기 자신을 사랑하고, 승리와 패배, 성공과 실패를 떠나, 행복한 삶을 살길 바라는 마음입니다.